1781

Horst Krüger

Der Kurfürstendamm

Glanz und Elend eines Boulevards

Hoffmann und Campe

CIP-Kurztitelaufnahme der Deutschen Bibliothek

Der **Kurfürstendamm** : Glanz u. Elend e. Boulevards /
Horst Krüger. – 1. Aufl. – Hamburg : Hoffmann und Campe, 1982.
ISBN 3-455-04023-3
NE: Krüger, Horst [Hrsg.]

Umschlaggestaltung Werner Rebhuhn
Gesetzt aus der Bembo
Satzherstellung Fotosatz Otto Gutfreund, Darmstadt
Druck und Bindung Richterdruck, Würzburg
Printed in Germany

Inhalt

Das Romanische Café
vor 1939

Ein Stück Heimat

Es ist immer wieder das gleiche Lied – mit mir und der Stadt. Es ist ein altes Lied. In Berlin wuchs ich auf. In Eichkamp ging ich zur Grundschule, in Grunewald auf das Gymnasium. Im Sommer gingen wir zum Teufelssee, baden. Auf dem Hundekehle-See machte ich erste Versuche im Schlittschuhlaufen, an eiskalten Wintertagen. Mit Vierzehn bekam ich mein erstes Fahrrad. Ich fuhr von Eichkamp über Pichelsdorf nach Staaken hinaus in die Mark Brandenburg: Kiefern Föhren, verkrüppelte Eichen im Sand – die blasse, merkwürdig melancholische Havellandschaft. Birken, die licht stehen, Trauerweiden, deren Grün tief hängt in das schlappe Wasser der Seen hier. Das jedenfalls ist mir die Stadt: ein Landschaftserlebnis, ein Gefühl von Natur zunächst. Schöne Melancholien. Berlin liegt sehr östlich. Etwas sehr Frühes: Etwas zum Riechen und Schmecken ist die Stadt für mich.

Seit über dreißig Jahren lebe ich nun schon ›im Westen‹, wie man in Berlin sagt: Freiburg im Breisgau, Baden-Baden, Frankfurt am Main. Ohne Frage, man kann hier vorzüglich leben – meine Heimat wurde es nicht. Heimat ist nicht der Ort, wo man geboren wurde. Das wäre bei mir Magdeburg, das ich kaum kenne. Heimat ist der Ort, an den man Erinnerungen hat: frühe, tiefe Erinnerungen, die bleiben, ein Leben lang. Meine Heimat liegt immer noch in jenem spröden, staubigen Land, das östlich der Elbe beginnt und das immer wieder von der Geschichte geschunden wurde – entsetzlich.

Jedesmals, wenn ich mit dem Auto durch die DDR fahre, wenn ich die ersten Autobahnschilder ›Berliner Ring‹ lese, spüre ich diese paradoxe Erregung. Eigentlich wird es ja immer flacher und karger jetzt. Touristische Glanzpunkte winken nicht. Eher das milchige, etwas verwaschene Licht hinter Dessau. Und doch sage ich, still triumphierend: Spürst du, wo wir jetzt sind? Riechst du die Mark? Siehst du die alten Ausfahrtschilder: Treuenbrietzen, Lehnin, Beelitz und Potsdam? Ob in Werder noch immer die Kirschen blühn im Mai? In den Staub mit allen Feinden Brandenburgs: Du, wir kommen nach Hause: Berlin, ach, Berlin! Es ist schön, die alte Heimat wiederzusehn.

Und so geht es mir auch mit dieser Straße, von der ich erzählen will. Sie ist ein Stück Heimat für mich. Immer wieder ist es so. Ich komme an. Ich komme mit dem Auto, manchmal mit der Bahn, meist mit dem

Flugzeug. Ich komme immer aus dem ›Westen‹. Aber erst, wenn ich hier auf dem Kurfürstendamm stehe, bin ich wirklich da, mitten drin. Ich spüre: Jetzt, jetzt bin ich in Berlin. Die Straße ist wie ein Magnet. Sie zieht an. Von allen Seiten reißt sie das Leben an sich, entläßt es dann wieder in viele schöne Nebenstraßen, die voller Abenteuer sind. Ich spüre die Stadt. Ich fühle ihre Kraft. Ich sehe ihren Glanz, auch ihre Schatten. Ich sehe die Lust dazusein, immer noch. Ich wiederhole – so etwas ist denkwürdig: Heimatgefühl auf einem Boulevard.

Und das ist ja nicht nur meine Erfahrung. Überall in der Welt leben Menschen, denen es ähnlich geht. Die Kinder Berlins leben fast wie die Kinder Israels: verstreut über die Erde und doch mit einer Erinnerung, die blieb. Sie leben heute in London, New York, in Tel Aviv oder Stockholm. Die meisten wurden vertrieben. Berlin war ihre Kindheit und Jugend einmal. Manche kommen zurück, besuchsweise. Sie gehen über den Kurfürstendamm. Ältere, etwas gebrechliche Ehepaare, denen man ansieht, was sie hinter sich haben: Exil und viel Fremde. Sie suchen die verlorene Zeit. Weißt du noch damals, als wir hier in der Rankestraße wohnten? Als wir uns hier bei ›Mampe‹ mit den anderen zum Tee trafen? Lust und Pein der Erinnerung. Boulevard der Dämmerung kann man das nennen.

Eine Frau mag hier für alle stehen. Sie hieß

Mascha Kaléko. Sie war eine Lyrikerin. Sie hatte noch Anfang der dreißiger Jahre hier in den literarischen Cafés ihren ersten, jungen Ruhm erlebt. Dann mußte sie weg, als Jüdin. Der Zufall hat es gewollt, daß ich sie ganz spät kennenlernte, wenige Wochen vor ihrem Tod, als sie so wie die anderen, von denen ich eben sprach, durch Berlin lief: heimatlos und doch voller Erinnerungen. Wir sind drei Tage, zwei Nächte durch die Stadt gezogen. Ich zeigte ihr alles noch einmal. Sie kam aus Jerusalem. Sie hatte ihren Mann und ihren Sohn verloren. Sie wußte nicht recht, wohin nun mit diesem Rest von Leben. Es war mein Wunsch, sie für Berlin zu gewinnen.

Komm doch zurück, hierher! hatte ich immer wieder geworben. Sieh ihn dir an, den Ort deines Ursprungs! Was irrst du herum? Was willst du allein in Jerusalem jetzt? Berlin ist für Heimatlose und Weltwanderer wie dich wie geschaffen. Zum Schluß soll man immer zurückkehren, nicht wahr? Es gibt keine Heimkehr für dich? Doch, es gibt sie, beharrte ich immer wieder. Wo wir Kindheit und Jugend spüren, wo ein paar Menschen uns mögen, wo wir vertraute Geräusche hören, die uns beruhigen, zum Beispiel des Nachts das Singen der S-Bahn, manchmal. Da ist man nicht fremd. Da ist man zu Hause, in Wirklichkeit.

Letzte Erinnerung, letzter Augenblick dieser drei späten Tage. Wir hatten uns schon

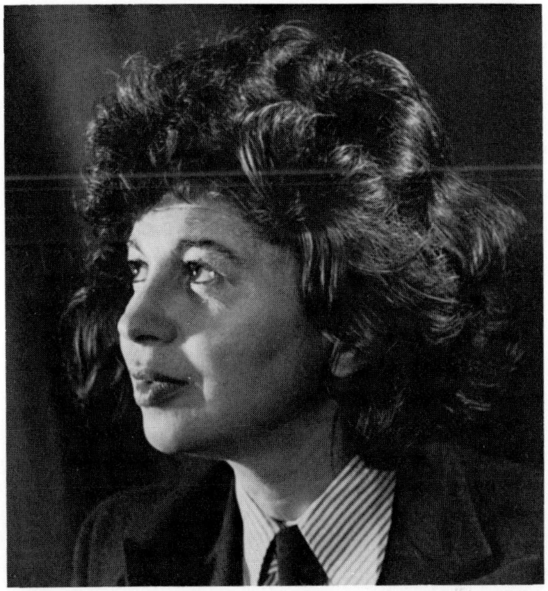

Seite 8: Sommerlicher Blick auf die Gedächtniskirche
Die Dichterin Mascha Kaléko

getrennt: am Kurfürstendamm. Ich weiß, meine Werbekampagne, unser altes Berlin genannt – nicht wahr, Mascha, unser schönes, altes Berlin? –, sie ist zu Ende, und ich habe die Schlacht verloren. Ich kann sie nicht halten. Ich kann sie nicht umstimmen.

Ich stehe an meinem Hotelfenster: Kurfürstendamm, Ecke Joachimstalerstraße. Ich sehe ihr nach. Sie war noch oben bei mir im Hotel und ging dann weg, etwas zu hastig, um ganz geheuer zu sein. Sie steht jetzt unten an der Kreuzung vor der Verkehrsampel. Sie geht über den Zebrastreifen. Sie geht sehr allein, aber doch zielbewußt, beinah

MICHELS
Fassbender

Der Anfang des Kurfürstendamms von der Gedächtniskirche aus gesehen: 1932

streng. Sie geht energisch, als wollte sie sich losreißen von so viel schnöder Berlin-Verführung durch mich. Noch ein Termin, noch ein Treffen mit alten Bekannten von einst – was weiß denn ich? Sie geht direkt gegenüber auf das Café Kranzler zu. Berliner Caféhaus: ihr Ort, ihre Bühne, ihre Liebe, früher einmal. Ich kann sie schon nicht mehr erkennen. Sie ist im Gewühl der Berliner verschwunden. Sie ist weg, weggewischt wie ein schöner, dunkler Traum. Ich weiß: Sie ist etwas Schwebendes, Unwägbares, das man nicht halten kann, wie ein Gedicht. So etwas ist immer nur da – im Vorübergehn.

Immerhin, ein Gedicht ist mir geblieben. Sie schrieb es nach dieser Trennung und wenige Wochen vor ihrem jähen Tod in Zürich. Es soll meine Annäherung an diesen Boulevard beenden. Und nur für Ortsfremde füge ich noch hinzu: Die Bleibtreustraße ist eine der schönsten Nebenstraßen des Kurfürstendamms. Dort hat sie noch Mitte der dreißiger Jahre gewohnt.

Bleibtreu heißt die Straße

Vor vierzig Jahren wohnte ich hier.
... zupft mich was am Ärmel, wenn ich so für mich hin den Kurfürstendamm entlang
›schlendere‹ – heißt wohl das Wort.

Und nichts zu suchen, das war mein Sinn.
Und immer wieder das Gezupfe.
Sei doch vernünftig, sage ich zu ihr.
Vierzig Jahre! Ich bin es nicht mehr.
Vierzig Jahre. Wie oft haben meine Zellen
sich erneuert inzwischen
in der Fremde, im Exil.
New York, Ninety-Sixth Street and Central Park,
Minetta Street in Greenwich Village.
Und Zürich und Hollywood. Und dann noch Jerusalem.
Was willst du von mir, Bleibtreu?
Ja, ich weiß. Nein, ich vergaß nichts.
Hier war mein Glück zu Hause. Und meine Not.
Hier kam mein Kind zur Welt. Und mußte fort.
Hier besuchten mich meine Freunde.
Und die Gestapo.
Nachts hörte man die Stadtbahnzüge
und das Horst-Wessel-Lied aus der Kneipe nebenan.
Was blieb davon?
Die rosa Petunien auf dem Balkon.
Der kleine Schreibwarenladen.
Und eine alte Wunde, unvernarbt.

Die Lichter der Nacht

Es ist schön, hier einzutauchen, mitzuschwimmen, sich einfach treiben zu lassen. Wohin ist nicht wichtig. Das Ziel ist der Weg selber. Unterwegssein auf dieser Straße ist ein Zustand besonderer Art. Man läßt sich treiben, wohin einen die Strömung treibt. Auch wenn man allein ist, geht man nicht eigentlich allein. Straßen solcher Art sind wie Ströme: Sie nehmen einen auf, ziehen einen mit, führen einen zu neuen Abenteuern der Nacht.

Der erste Eindruck ist jedenfalls immer wieder: Faszination. Es ist zehn Uhr abends oder vielleicht schon elf? Es ist Freitag oder schon Sonnabend, sehr spät? Das sind hier die Glanzstunden, immer noch. Berlin leuchtet. Fabelhaft, denkt man im ersten Augenblick: Wie das läuft, wie das lebt, wie das flirrt! Wo gibt es Vergleichbares in der Bundesrepublik? Weder Frankfurt noch Köln hat etwas so Waches und Weltstädtisches zu bieten. Vielleicht München auf der Leopoldstraße, obwohl sie viel weniger urban, dafür rustikaler wirkt. Mit Sicherheit hat Hamburg nichts Vergleichbares. Und Ost-Berlin, immerhin die Hauptstadt der DDR, gleich nebenan? Vergiß es! Da ist schon tiefe Nacht jetzt. Da schläft man den Schlaf der Gerechten, längst.

Tatsächlich ist der Kurfürstendamm Deutschlands einziger Boulevard von internationalem Rang. Nur er läßt sich mit den großen Glitzerstraßen der Weltmetropolen vergleichen. Paris: Champs Elysées, New York: Park Avenue oder Fifth Avenue, Rom: Via Veneto. Gewiß ist der Kurfürstendamm immer von bescheidenerer Herkunft gewesen. Er ist ganz unverkennbar ein Werk der Preußen. Großspurigkeit war nie Berliner Art. Imperiale Prachtarchitektur ist hier nicht zu besichtigen. Prunkvolle Schloßfassaden wie in Wien, stolze Fontänen wie in Rom haben ihn nie geziert. Von imponierenden Durchblicken und stolzen Prospekten kann nirgends die Rede sein. Es gibt kein einziges Denkmal auf dieser Straße. Und ob die Kaiser Wilhelm-Gedächtniskirche, der Rest, der von ihr blieb heute, als Meisterwerk zu werten ist, darf auch bezweifelt werden. Immerhin: Diese Ruine ist heute ein Symbol. Sie steht für Berlin.

Dafür ist dem Kurfürstendamm immer etwas eigen gewesen, was die Boulevards in New York oder Paris vermissen lassen: Intimität, ein Gefühl von Wohnlichkeit, ja Gemütlichkeit. Man kann sich hier auch als Fremder noch zu Hause fühlen. ›Das größte

Die Schatten des Krieges: Gloria-Palast

MUNCHNER HOFBRÄUHAUS
BERLIN
SPIELT
LOTTO
BERLINER BANK
BOSCH IM. BETRIEB
AEG KUHLSCHRANKE SANTO
HAUS DER NATIONEN

Caféhaus Europas‹ hat Thomas Wolfe, der amerikanische Dichter, den Kurfürstendamm begeistert genannt. Aber das war noch in den dreißiger Jahren gewesen. Sein alter Verleger Ernst Rowohlt hatte ihn eingeladen. Es war ein Jahr vor den Olympischen Spielen, noch einmal leuchtete der Boulevard, und der Dichter war begeistert. Es war ein strahlender Abgesang. Heute müßte man den Boulevard wohl eher den längsten Laufsteg Europas nennen. Was da alles läuft und läuft, flaniert, herumhockt! Von Bayern bis zum Bosporus, von Warschau bis New York scheint sich hier jede Nacht die halbe Welt ein Stelldichein zu geben. Touristenschwärme ziehen über den Damm. Eine Art Straßentheater wird in jeder Nacht neu inszeniert. Jeder ist Zuschauer und Mitspieler zugleich. Was ist ein Boulevard? Ich meine: Er ist der öffentliche Traum einer Gesellschaft von sich selbst. Was läuft? Das läuft! Das Stück, das hier spielt jede Nacht, heißt: Das sind wir selbst! Das ist Berlin – bei Nacht.

Gedächtniskirche mit Europa-Center heute

Der amerikanische Dichter Thomas Wolfe 1935 in Berlin

AEG WASCHAUTOMATEN LAVAMAT AEG

Blick über Charlottenburg
bis zum Funkturm

Sehen und Gesehen werden

Nachmittags im Kranzler: der Autor

Merkwürdig, die Straße ist weltberühmt – warum eigentlich? Nichts ist hier grandios: keine strahlenden Wolkenkratzer, keine stolzen Paläste, keine Patina großer Geschichte, dafür aber Lebensart, die wenigstens in Deutschland – man könnte noch genauer sagen: mitten in Preußen – ungewöhnlich ist. Soll man es den Mut zum Müßiggang, zur öffentlich demonstrierten Beschaulichkeit nennen? Die Sonne, die vormittags auf der Café-Möhring-Seite, nachmittags auf der Kempinski- und Kranzler-Seite liegt, wärmt gleichermaßen ein Publikum, das offenbar fest entschlossen ist, sein Vergnügen am bloßen Dasein, Dasitzen schamlos zu zelebrieren. Es ist eigentlich nicht deutsche Art, tatenlos herumzusitzen. Hier kann man es. Hier muß man es. Stundenlang kann man auf dieser Straße vor einer Tasse Kaffee hocken, den Verkehr beobachten, ohne das Gefühl zu haben, auf sträfliche Weise die Zeit zu vertrödeln.

Ist die Welt eine Bühne? Alles scheint hier zum Sehen und Gesehenwerden einzuladen. Im Sommer haben die Cafés und Restaurants ihre Stühle auf der Straße wie in einem Theaterparkett aufgestellt. Die vielen glasbedeckten Veranden fallen auf, die, selbst im Winter noch gut beheizt, die Illusion vermitteln, eigentlich draußen auf der Straße zu sitzen. Die Menschen draußen gehen leichter, lockerer als sonst. Sie bleiben stehen und gucken. Das Schaufenster, diese glanzvollste Erfindung der bürgerlichen Kultur – hier kann es noch einmal seinen Sinn, seine Aufgabe ganz entfalten. Es zieht an, stellt aus, weckt Neugierde, immer noch. Was hier hinter Glas liegt, soll exklusiv sein. Das ausschweifende Gepränge des wirklich Luxuriösen wird man hier kaum finden. Aber Faszination durch das Schöne ist möglich, da und dort noch. Glanz eines Augenblicks.

Zur Topographie: Die Straße ist 53 Meter breit und dreieinhalb Kilometer lang. Sie beginnt heute am Breitscheidplatz, wo die Gedächtniskirche steht. Sie setzt hier sofort mit großer Geschäftigkeit ein. Sie hat ihren ersten Höhepunkt an der Joachimstalerstraße, wo das Café Kranzler seit jeher den Treffpunkt der Westberliner bildete. Sie hält diesen Höhepunkt bis zum Uhlandeck, wo das Café Möhring einen zweiten Treffpunkt bildet. Etwas jünger, etwas moderner sind hier die Gäste. Nur in diesem kurzen Abschnitt ist der Kurfürstendamm pur, unverdünnt. Berlins teuerste Meile dürfte dies sein. Sie zieht sich dann, dreizehn Meter ansteigend, langsam verblassend, über den Olivaer Platz, den Lehniner Platz zum S-Bahnhof

Morgensonne über dem Café Möhring

8995,-

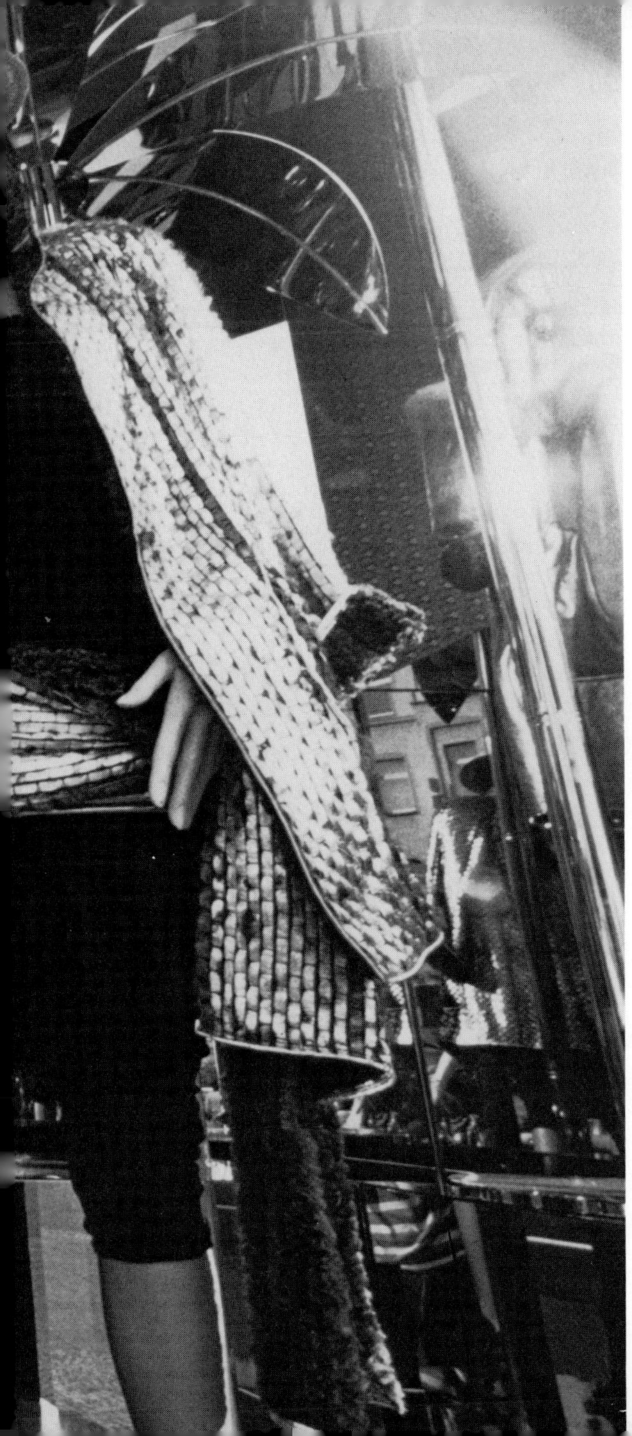

Halensee hoch, wo sie deutlich glanzloser wird. Sie durchläuft Schöneberg, Wilmersdorf, Charlottenburg. Hinter der Halenseebrücke, wo langsam die Villenkolonie Grunewald beginnt, endet sie nicht gerade sang- und klanglos, aber doch ruhmlos in jenem breiten Neubaugelände, das heute Rathenauplatz heißt. Nur ein paar Bäume erinnern die Kenner noch an vergangene Zeiten, als hier der Boulevard mit Reitweg in den Grunewald überging.

Das ist die Fluchtlinie, das solide Rückgrat sozusagen. Alle Liebhaber der Region aber wissen, daß erst die Querstraßen, die Rippen sozusagen, der Straße das besondere Aroma geben. Nebenstraßen sind wie Nebenflüsse. Hier wird es heimeliger, poetischer. Hier kann man noch Entdeckungen machen. Nebenstraßen sind die Hauptstraßen des Lebens. Hier sitzen nicht die kapitalkräftigen Konzerne, die der Hauptstraße heute den Glanz des Besonderen immer mehr zu nehmen drohen: Fluggesellschaften, Versicherungsanstalten, Banken. In den Nebenstraßen ist alles noch kleiner, überschaubarer, individueller: ein Bistro, eine Pizzeria, ein Buchladen, ein Modegeschäft mit dem besonderen Pfiff. Im Schatten des großen Boulevards, der wenigstens tagsüber immer noch so tut, als sei hier bürgerliche Wohlanständigkeit auf das Verläßlichste zu Hause, ist ein Hauch von Verworfenheit möglich. Hier sind seit je die besonderen Lo-

Schaufenster – Glanz eines Augenblicks
Seite 22: Reiz der Nebenstraßen. Haus Grisebach in der Fasanenstraße um 1890
Seite 23: Haus der Gründerzeit in der Uhlandstraße

kale, die speziellen Bars angesiedelt. Kenner wissen sie als Brutstätten sensibler Gelüste zu schätzen. Mit einem Wort: Es lohnt sich, in den Nebenstraßen auf Entdeckungsreisen zu gehen. Reiz des Intimen: Man wird ihn nicht auf dem großen Boulevard, aber gleich nebenan finden.

Ach, all die Namen, die jetzt aufzuzählen wären! Man müßte sie andächtig zitieren. Man müßte sie beinah herbeten wie die Stationen eines Rosenkranzes. Es hängt so viel Erinnerung, Erfahrung, gelebtes Leben in jeder Straße. Die Meinekestraße ist besonders zum Wohnen und Essen für Fremde geschaffen. Komme ich an auf dem Kurfürstendamm, so gehe ich zunächst dort zu Hardtke, wo man noch Hausmannskost Berliner Art bekommt: solide und exquisit zugleich. Etwas weiter oben in der Knesebeckstraße hat im Haus Nr. 12 die berühmte Hedwig Courths-Mahler gewohnt, ab 1914. In der Uhlandstraße sind einmal die Schriftsteller Arno Holz und Klaus Mann zu Hause gewesen. Und so könnte man immer fortfahren: die Bleibtreu-, die Leibniz-, die Clauswitzstraße: große Namen der Geschichte, die heute nur noch Signalwert haben für das besondere Aroma der Region. Hier schlägt noch das Herz. Jedes Vorderhaus hat seine zwei Hinterhäuser, auch Gartenhäuser genannt, obwohl in den Höfen von Gärten kaum etwas zu finden ist. Höchstens Teppichklopfstangen.

Große Namen in den Nebenstraßen: Schlüter, Clausewitz, Uhland, Leibniz

Ein Wort wird gewogen

Ich weiß, daß ich jetzt Glatteis betrete. Ich bewege mich auf riskantem Gelände. Vielleicht lege ich mich sogar mit manchen Berlinern von heute an? Ich beginne jedenfalls erste Widerhaken zu legen. Nur keine Ungeduld: Es werden weitere folgen.
Es wird Nachdenkliches, Trauriges, ja Boses zur Sache zu sagen sein. Liebe, meine ich, macht nicht blind, sondern hellsichtig, auch für Gebrechen. Dieser Boulevard ist nicht nur schön, er zeigt heute auch Züge des Verfalls. Symptome des Niedergangs sind da und dort unverkennbar, und da ich ein Literat bin, beginnen sie bei mir mit der Sprache.
Sieh dir die Sprache eines Volks an! An der Sprache ist alles im Frühstadium zu erkennen. Die Sprache ist der Mensch noch einmal, hat der französische Dichter Paul Valéry gesagt.
Ich behaupte: Das Wort, um das es hier dauernd geht, gibt es schon nicht mehr, in Wirklichkeit. Es ist merkwürdig abstrakt, amtlich, fast etwas museal geworden. Es steht so zwar immer noch auf den Straßenschildern und im Adreßbuch. Jeder, der sich im Zeitalter des Telefonierens noch die Mühe macht, in diese schnelle Stadt einen Brief, eine Postkarte zu schicken, schreibt ›Kurfürstendamm‹. Aber das eben ist Schriftsprache, also etwas Gebildeteres. Es ist ganz unverkennbar Hochdeutsch. So schreibt, aber so redet man nicht mehr vor Ort.
Jetzt in den achtziger Jahren redet man nur noch vom ›Kudamm‹. Wir treffen uns morgen um fünf am Kudamm-Eck, ja? Das meint die pulsierende Ecke an der Joachimstaler, wo früher einmal das Café des Westens zu Hause war. Heute ist diese Ecke ein glitzernd-trostloses Konsumparadies schräg vis-à-vis vom Kranzlereck geworden: Imbißstuben, Ladenpassagen, Pornokinos, funkelnde Leuchtreklamen. Was an solchen blinkenden Hochburgen der Konsumindustrie paradiesisch sein soll, habe ich ohnehin nie begriffen. Paradiese stelle ich mir anders vor: grüner sozusagen. Doch dies nur am Rande.
Also die Sprache: Wer sagt heute noch ›Kurfürstendamm‹? Alle reden vom ›Kudamm‹. Der Frage, seit wann sich dieses Kürzel allgemein durchgesetzt hat, will ich hier nicht nachgehen. Ich meine, es ist erst nach dem Zweiten Weltkrieg aufgekommen, doch gibt es Fachleute, die einem das Wort schon früher nachweisen. Es ist denkbar – als Ausnahmefall. Heute aber ist das Wort so ver-

algemarin
PLETTNER
IMMOBILIEN KG
KUD. 57
323091
BLUE MOVE 1
BLUE MOVE 2
Anderle
Anderle Möbel
Ku'damm Eck
PHOTO
PORST
PHOTO
OPTIK
T
A
N
Z
PANOPT
DEUTSCHES REISEBÜ
EIS
imbiss
U

Das sogenannte Kudamm-Eck (links)
Der Boulevard als Konsumparadies: Passage im Karree

breitet und volkstümlich geworden, daß derjenige, der es nicht gebraucht, sich fast verdächtig macht, nicht auf der Höhe der Zeit zu sein. Ist er ein Reaktionär? Will er die Herrschaft der frühen Hohenzollern betonen? Er strebt jedenfalls nach oben, während doch alles nach unten drängt, jetzt.
Kudamm – ich lege das Wort auf die Waage. Ich prüfe es ganz genau auf der Goldwaage meiner Sprachempfindlichkeit. Ich wäre kein Berliner, wenn ich darin nicht auch das Berliner Mundwerk mitreden hörte. Sein Witz, seine Stärke, seine entwaffnende Komik bestand immer darin, das Große herunterzuholen: schnoddrig und frech. Nun laß doch die Luft raus, komm auf den Teppich, bleib auf dem Boden. Insofern klingt Urberlinerisches hier mit: Hätten Sie es nicht etwas kleiner, das Große? Liebevoll-salopp ist

das gemeint, aber schwingt nicht auch ein Ton von Verächtlichkeit mit? Sollte man's nicht eigentlich ›Kuhdamm‹ schreiben? Ist nicht der Boulevard schon ein Ort, wo Kälber weiden?
Ich weiß auch die Bequemlichkeit dieses Kürzels zu schätzen. Es spricht sich einfach leichter, flotter. Es verleiht dem, der es benützt, die Visitenkarte eines Originalberliners. So intim, so beinah plumpvertraulich ist es eben üblich – am Ort.
Ich traue diesem Frieden nicht ganz. Das Wort kommt mir zu leicht und zu schnell gerade aus dem Mund der Touristen. Man wärmt sich damit an, man fühlt sich schon beinah zu Hause, auch wenn man nur aus Weiden in der Pfalz oder Pinneberg kommt. In Amerika findet man immer wieder deutsche Touristen, die mit großer Kennerschaft von ›Frisco‹ erzählen. Kein Mensch in San Francisco benützt dieses Wort. Ich sage nicht, daß es derselbe Fall wäre. Ich sage nur: Ich werde auch weiterhin vom ›Kurfürstendamm‹ sprechen. In der Umständlichkeit dieses alten, gewachsenen Wortes klingt nicht nur Geschichte mit. Es ist noch Kultur zu spüren. Diese Straße jedenfalls hat etwas mehr zu bieten, als man ihr heute ansieht. Sie ist ein Stück Kulturgeschichte Berlins, ja ganz Preußens.

Straßenszene heute

Des Churfürsten Damm

Joachim II., Kurfürst von Brandenburg, nach dem die Straße benannt wurde (Gemälde von Lucas Cranach d. J., 1570)

Die Straße ist alt. Sie ist viel älter, als ihre meisten Besucher heute ahnen. Ihre früheste Spur geht in das 16. Jahrhundert zurück. Eigentlich hatte alles draußen am Grunewald begonnen, der damals noch weit vor den Toren Berlins tief in der Mark Brandenburg lag. Paulsborn ist noch heute ein beliebter Ausflugsort der Berliner. Wer hierher kommt, spürt noch immer etwas von dem besonderen, stillen Reiz der Landschaft. Der Grunewaldsee, der heute gottlob unter Naturschutz steht, liegt seltsam entrückt, fast wie verzaubert im Grünen. Enten und Schwäne paddeln. Krähen ziehen hoch über dem Wasser ihre Bahn. Man muß die Gegend idyllisch nennen.

Hier fing alles an. Hier hat sich Kurfürst Joachim II. im Jahr 1542 von seinem Baumeister Caspar Theyss jenes Jagdhaus bauen lassen, das noch heute als Jagdschloß Grunewald von den Berlinern mit besonderer Aufmerksamkeit, ja Liebe besucht wird. Mit Recht, es ist nämlich (nach der Zerstörung des Berliner Stadtschlosses erst durch den Zweiten Weltkrieg, dann durch die kommunistischen Machthaber in Ost-Berlin) heute das älteste Berliner Schloß überhaupt, ein schöner, kompakter Renaissancebau, dreistöckig, dessen klare Architektur das Lebensgefühl der brandenburgischen Kurfürsten vermittelt. Das solide Machtgefühl eines passionierten Jägers ist zu erkennen. Kein kunstsinniger Fürst, ein preußischer Jäger kehrte hier ein. Er residierte zu Berlin-

Cöln – hier draußen kehrte er nur zu kurzen Jagdgelagen ein.

Natürlich brauchte man einen Verbindungsweg zwischen dem Berliner Stadtschloß und dem Jagdschloß. Es wurde ein elf Meter breiter Feldweg gebaut, der damals noch durch Sümpfe und Morast führte. Der berühmte Boulevard begann also kümmerlich. Er begann als Sandpiste, als Knüppeldamm im sumpfigen Boden der Mark. Es wurde ein Reitweg daraus. Immerhin ist dieser schon 1719 in den Bebauungsplänen Berlins als des ›Churfürsten Damm‹ ausgewiesen. Himmlische Ruhe herrschte noch. Wer konnte damals ahnen, daß aus diesem schlichten Pfad einmal des zweiten deutschen Reiches vornehmster Boulevard werden würde? Windmühlen waren zu sehen, Bauernwagen knarrten. Es hetzten hier höchstens Hunde. Es röhrten hier Hirsche. Wildschweine quietschten auf dem Kurfürstendamm: Damwild. Man sprach Jägerlatein.

Die großen Preußenkönige des 18. Jahrhunderts haben vom Jagdschloß kaum Gebrauch gemacht. Friedrich der Große war kein Jäger. Er liebte kultivierte, feinere Freizeitbeschäftigungen. Eine Weile war es hier still. Erst als im 19. Jahrhundert mit der beginnenden Romantik ein neuer Sinn für das Alte erwachte, begann im Jagdschloß wieder höfisches Treiben. Man ritt wieder zum ›Grünen Walde am Spilsee‹ raus, wie der Grunewaldsee ursprünglich hieß. Schon

Jagdschloß Grunewald, im Auftrag von Joachim II. von Caspar Theyss 1542 erbaut (Stahlstich aus dem 19. Jh.)
Seite 32: Jagdschloß Grunewald: Innenraum 1937
Seite 33: Das Jagdschloß um 1938
Seite 34: Innenhof des Jagdschlosses
Seite 35: Hubertusjagd im Grunewald: mit Wilhelm II. (oben); z. Zt. von Wilhelm IV (unten).

nimmt der ›Damm des Churfürsten‹ erste Gestalt an: als Reitweg der feineren Stände, versteht sich. Noch ist nichts von seiner künftigen Gestalt zu erkennen. Nur daß hier feinere Welt, Oberschicht reitet, ist ein erstes Zeichen von kommendem Glanz. Seit 1828 fanden hier wieder Jagdgesellschaften statt. Prinz Carl von Preußen lud zur Parforcejagd ein. Die höfische Gesellschaft kam aus Berlin hoch zu Roß und in Kutschen. Sie kam über den Damm, wenn auch meist nur zu kurzen Festen. Das setzte sich fort bis ins Kaiserreich. Erst 1907, so berichten die Chronisten, fand hier zum letztenmal eine Jagdgesellschaft der Hohenzollern statt.

Nach dem Ersten Weltkrieg begannen dann jene Instandsetzungen, die das Jagdschloß zum Museum umgestalteten. Sie zogen sich, durch den Zweiten Weltkrieg unterbrochen, immer wieder hin. Seit 1974 ist hier eine der stilvollsten und intimsten Kunstsammlungen Preußens zu besichtigen. Herrliche Bilder von Lucas Cranach, dem Älteren und dem Jüngeren, und von Rubens sind hier bewahrt. Wer weiß davon? Ein Rest von Idylle und Unentdecktheit ist bis heute geblieben. Die Sommertage sind schön. Es lohnt sich aber auch, an einem grauen Novembertag hier Einkehr zu halten. Man wird die Ursprünge spüren. Vergangenheit wird wieder Gegenwart. So still, so grün, ja, poetisch hat also das begonnen, was uns später mit so viel Glanz betörte.

Kaiserproklamation in Versailles 1871 (Gemälde von Anton von Werner)
Seite 38: Bebauungsplan 1862. Der Kurfürstendamm beginnt hier noch an der Corneliusbrücke am Landwehrkanal
Seite 39: Bismarcks Konzept sah in der Mitte einen breiten Reitweg vor.

Ein Lob für Bismarck

Es gibt eine zweite Frühgeschichte der Straße. Sie beginnt 1871 mit der Reichsgründung, genauer gesagt: mit Bismarck, höchstpersönlich. Bismarck hatte im Paris der eben geschlagenen Franzosen gesehen, wie eine grande nation lebt: imperial. Jetzt nach dem Sieg wollte er es ihnen gleichtun. Er wollte nun auch so etwas wie die Champs Elysées in Berlin. Er wollte vor allem seinen siegreichen Preußen nun auch eine Prachtavenue schenken. Und war nicht, richtig gesehen, der Grunewald schon immer eine Art Bois de Bologne gewesen? Er wollte außerdem für den König einen respektablen Reitweg zum Jagdschloß Grunewald. Daß dort auch Bismarcks Pferde standen, versteht sich. Vieles kam so zusammen: Nationalstolz, Preußenliebe, Sinn für Repräsentation, kluge Vorausschau auf die Zukunft Berlins. Der Geist der Gründerzeit ging damals um. Man kann auch sagen: Die Zeit war reif für den neuen Boulevard.
Immer wieder wurde in den nächsten Jahren dieser Plan einer repräsentativen Pracht-

BEBAUUNGSPLAN DER UMGEBUNGEN BERLINS

Abtheilung V.

CHARLOTTENBURG.

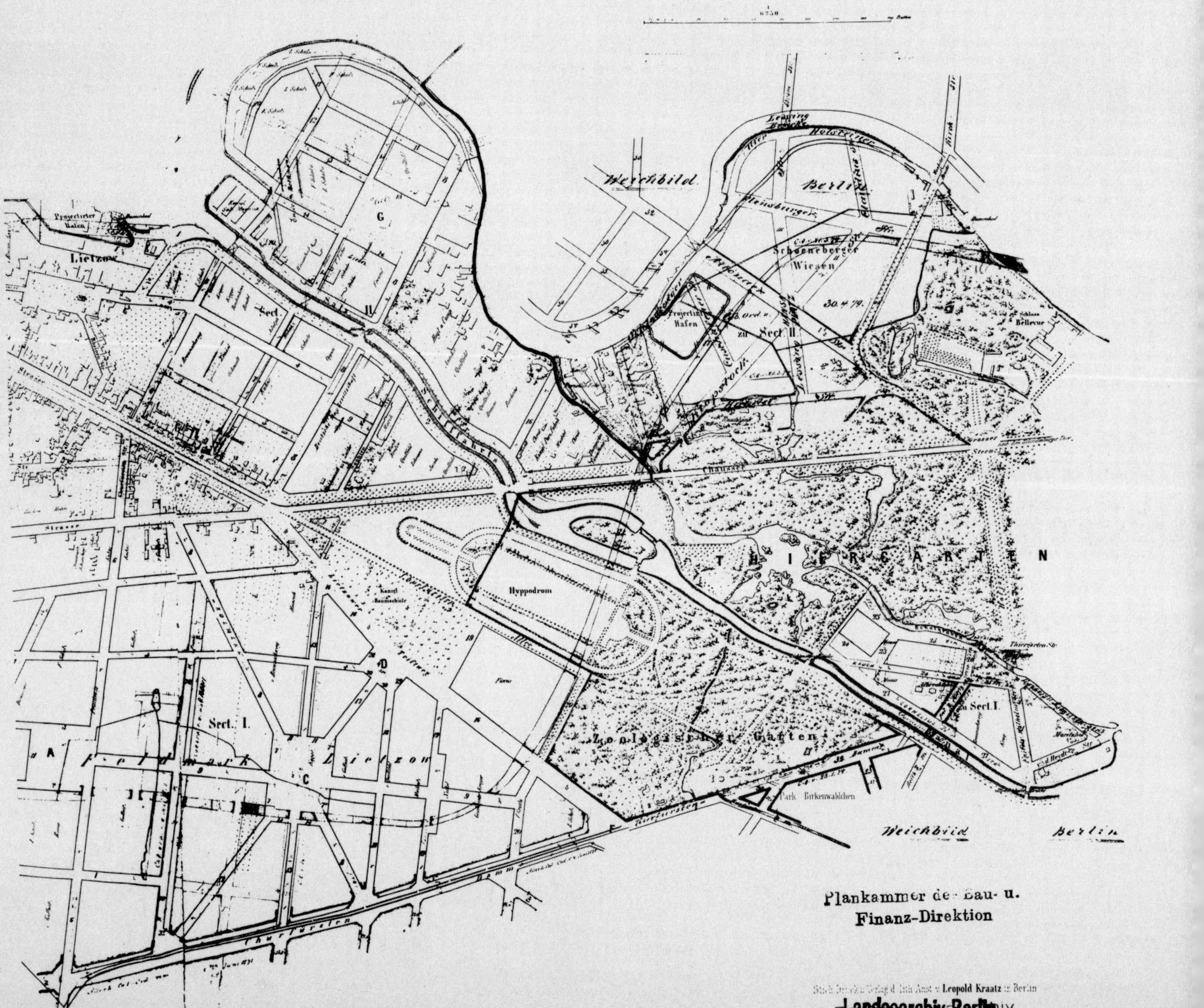

Plankammer der Bau- u. Finanz-Direktion

Berliner Adreß-Buch

für das Jahr

1882.

Unter Benutzung amtlicher Quellen

redigirt

von

A. Ludwig.

Mit einem amtlichen Droschkenwegemesser für Berlin.

Herausgegeben

von

W. & S. Loewenthal.

XIV. Jahrgang.

Berlin.

Druck und Verlag von W. & S. Loewenthal.

SW. Schützenstraße 68.

Am Kupfergraben — 199 — Kurfürstenstraße II. T.

v. Levetzow, Sek. Leutn.
v. Manteuffel, Sek. Leutn.
Marcinkowski, Sergant.
v. Napolski, Sek. Leutn.
Rabes, Oekonom.
v. Reichenbach-Goschütz, Graf, Sek. Leutn.
v. Salmuth, Frh., Sek. Leutn
v. Schrenk, Frh. Sek. Leutn.
v. Siber I., Sek. Leutn.
— II., Sek. Leutn.
aus'm Weerth, Sek. Leutn.

zw. 3 u. 4 Georgenstr.

4 E. Hackel, Banquier. (Neue Wilhelmstr. 1a.)
V. Blunck, G., Agent.
Busse, Banquier.
Fiedler, Kolonialwrhdl.
Fütefin, Kfm.
Hahn, Dr. med., Ober-Stabsarzt.
Hiltl, Tapezier.
Loewy jun., Bankgesch.
Mittedorfer, Kfm.
Oldenberg, Schriftsteller.
4a E. Badewitz, Kfm.
Gicke, Kass. Dien.
Laufmann, Portier.
Mebes, Oberst z. D.
Neumann, Hof-Buchhdl.
Otto, Kfm.
v. Raumer, vw. Geh. Ob. Reg. Rath.
Reißner Söhne, Bankgesch.
5 E. Salinger, Kfm.
Demuth, Kfm.
Knoblauch & Co., Getr. Komm. Gesch.
Nitze, Direktor.
Unger, B., Ingen.
— Ww., Rent.
6 E. Simion, Ww.
Rhein. Westf. Lloyd, Transp. Versich. Akt. Gesellsch.
Fichtenholz, Kommiss. Gesch.
Herter, Prem. Leutn.
Landgraf, Agent
Mertens, Schankw.
Meyer, Assek. Gesch.
— Direktor.
Sachs, Rent.
6a f. a. Bauhofstr. 1.
E. Heinsius, vw. Dr.
Fraissinet, Kfm.
Koch, Maler.
Pleßner, Hoflief.
Rudenburg, Kommiss. Gesch.
Sasse, Schankw.
Schulz, Frl., Partik.
Sichel, Maler.
Wolle, Maler.

zw. 6a u. 7 Bauhofstr.

7 E. Magnus, vw. Geh. Reg. Rath.
Brückner, Diener.
Herminghausen, Kfm.
— Ww., Rent.
Humblot, Rittergutsbes.
Jacoby, Rent.
Kruse, Portier.

7 a. d. Dorotheenstr.

8 E. Militär-Fiskus.
Bür. d. Depot-Verw. d. Art. Prüf. Kommiss.
Bür. d. Vers. Abth. d. Art. Prüf. Kommiss.
Arndt, Zeug-Hauptm.
Ohm, Vize-Feldw.
Weißmann, Zeug-Feldw.

Kurfürstendamm. (W)

(10–124 geh. z. Charlottenburg, aber z. Postbezirk Berlin W)

1 a. Lützow Ufer.

1 f. a. Lützow Ufer 36.
E. Schweder, Kfm.
1 V. Matzke, Anstreicher.
Game, Traiteur.
Wolff, Kommissionär.
2. 3 Baustellen.
E. Reimer, Rentier. (Kurfürstendamm 4.)
4 E. Reimer, Rent.
Haukohl, Kfm.
Kirchhoff, Dr., Profess.
Schulz, Schneider.
Vogel, Schutzm.
5 E. Reimer, Rent. (Kurfürstendamm 4.)
Bloch, Kfm.
Mathias, Gärtner.
Schiff, Bank-Geschäft.
Siebeneicher, Bau-Insp.
Staffehl, Briefstr.
6 Baustelle.
E. Munk, Kfm. (Behrenstr. 39)
7 E. Schneider, Rentier.
Bodinus, Dr., Direktor.
de Boor, Dr. phil.
Göring, Rentier
Olshausen, Dr., Chemiker.
Piesbergen, Kfm.
Schulz, Fuhrh.
8 geh. z. 7.
9 Zoologischer Garten.

zw. 9 u. 10 Hardenbergstr.

10–124 s. Charlottenburg.

zw. 124 u. 125 Kurfürstenstr.

125. 126 Baustellen.
E. Töbelmann, Zimmermstr. (Wartenburgstr. 21.)

zw. 126 u. 127 Nürnbergerstr.

127 E. Bohne, Rent.
Bliß, Portier.
Deglau, Holzhdl.
Frälberg, Rentiere.
Rose, Dr., Sub-Direkt.
Schulze, Gastw.
Schumann, Buchhalt.
Weber, Tapez.
v. Wegnern, Reg. Präsid.
Zick, Maler.
128–130 E. Böckmann, Baurath
Serrek, Gärtner.
Wilms, vw. Geh. Ob. Med. Rath.
131. 132 Baustellen.
E. Munk, Banquier. (Behrenstr. 39.)
133 Neubau.
E. Knoll, Maurermstr. (Derfflingerstr. 22a.)
134. 135 Baustellen.
E. Munk, Banquier. (Behrenstr. 39.)

zw. 135 u. 136 Wichmannstr.

136 geh. z. Wichmannstr. 11.
137 E. Schweder, Bankdirektor. (Lützow Ufer 36.)
V. Bernicke, Portier.
Bole, Major.
Ebertz, Dr., Stadtger. Rath a. D.
138 E. Markwald, Rentier. (Thiergartenstr. 27.)
V. Hahn, Portier.
Burger, Prof.
Caemmerer, Major.
Hilgers, Bildhauer.
Hochlehnert & Schröder, Maler.
Knoll, Schneider.
139 E. Markwald, Rentier. (Thiergartenstr. 27.)
V. Hahn, Portier. (Kurfürstendamm 138.)
Dervenskus, Schankw.
Diener, Hauptm.
140 E. Markwald, Rentier. (Thiergartenstr. 27.)
V. Krüger, Buchbinder
Berndt, Rentier.
Schwalt, Maler.
Hett, Stuckateur.
140 Nitschke, Klempner.
Baustellen
E. Munk, Banquier. (Behrenstr. 39.)

a. Lützow Ufer.

Kurfürstenstr. (W)

(Südliche Seite vom Kurfürstendamm bis 137 geh. zu Charlottenburg, aber z. Postbezirk Berlin W.)

1 a. d. Dennewitzstr.

1 f. a. Dennewitzstr. 8.
E. v. d. Heyden jun., Brauereibes. (Lützowstr. 8.)
V. Braehmer, Buchhalt.
Alb..., Schlächter.
Diedrich, Schriftgießer.
Gießen, Zugführer.
Kade, Schlosser.
Knape, L., Krankenpflegerin.
— F., Ww.
Kribe, Post-Sekr.
Kreitel, Briefstr.
Mansfeld, Schuhm.
Mittenentzwey, Kfm.
Schulz, Schuhm.
— Hebamme.
v. Wiltberg, Ww.
2 E. Giesing, Maurermstr. (Magdeburgerstr. 2.)
V. Gerlach, Architekt.
Doerre, Buchhdl.
Gohlke, Eisenb. Beamt.
Grabow, Ingen.
Harmuth, Dr., Gymn. Lehrer.
Maire, Steuer-Erheb.
Orgel, pens. Schaffn.
Miatte, Diätar.
Satze, Ww.
Schnädel, Artistin.
Schöll, Tapez.
Silberstein, Kfm.
Ultecht, Stat. Assist.
3 E. Krebs, Rathsmaurermstr.
Arndt, Geh. Rechn. Rath.
Becker, Bankbeamt.
Bendler, Portier.
Betz, vw. Rechn. Rath.
Böckmann, Packmstr.
Casper, Stat. Vorst. a. D.
Dittrich, E. u. M., Frl.
Meißner, Post-Sekr.
Rebbein, E., Ob. Lehrer a. D.
— F., Reg. Baumstr.
— H., Kammerger. Rath.
Schlegel, Hofmaler.
Schütt, Eisenb. Beamt.
Schulz, Schlosser.
Seiffert, Zugführer.
Teutscher, Korbm.
Trojan, Schriftsteller.
Weizmann, Intend. Rath.
Wirth, Lehrer.
4 Baustelle.
E. Oppenheim Sohn, Banquiers. Jerusalemerstr. 19. 20.
5 Rohbau
E. Rummel, Schlosser. (Kurfürstenstr. 6.)
6 E. Rummel, Schlosser.
Ahlers, Schuhm.
Bohne, Geh. Sekr.
Cronbach, Buchhdl.
Deckwerth, Graveur.
Grub, Drechsler.
Hagen, Ww.
Hinke, Kassenbote,
Lenz, Agent.
v. Leutsch, vw. Oberst.
Mayer, Schneider.
Möwes, Beamter.
Nitschke, Beamt.
Oberländer, Bür. Chef.
Ohlberg, Schlosser.
Pannier, Restaurat.
Raebse, Kfm.
Sackewitz, Feuerwehrm.
Seydel, Stepper.
Wolbier, Beamt.
E. Schrobsdorf, Kanzleirath a. D.
7 Feige, Reg. Rath.
Hagen, Lehrer.
Jank, Portier.
Koppe, Schuhm.
Martin, Geh. Kanzl. Direkt. a. D.
Persitzky, Post-Inspekt.
Schmidt, Architekt.
8 E. Rupprecht, Rentier.
Apitz, Rentiere.
Albrecht, Kfm.
Corbus, Rentiere.
Donop, vw. Ob. Leutn.
Drösser, Baumstr.
Ebel, Ww.
Gericke, Maler.
Göbel, Architekt.
Griebert, Milchhdl.
Lasson, Frbk.
v. d. Osten, Rentiere
9 E. Knoof, Maurermstr. (Kurfürstenstr. 14.)
V. Grunke, Postbeamt.
Apel, Schriftsetzer.
Daus, Kfm.
Feist, Stuckateur.
Hepl, Maler.
Lange, Schuhm.
Lorenz, Schutzm.
Macht, vw. Kreisrichter
May, Prem. Leutn.
Monnard, Schneiderin
Möhl, Post-Schaffner.
Schmiel, Ww.
Schröder, Briefstr.
Tornow, Bäcker.
— Schlosser.
10 E. Hermes, Schankw. (Lindenstr. 72.)
V. Hoffmann, Vorkosthdl.
Bergemann, Rentiere.
Bischoff, Ww.
Ehlert, Post-Sekr.
Enar, Steinmacher.
Giesecke, Restaurat.
Grob, Schneider.
Haseloff, Wäscherin.
Hochkirch, Wäscherin.
Möbuß, Schuhm.
Rabe, Gärtner.
Schulze, Maurermstr.
Schwarz, Maler.
Voß, Schlosser.
11 E. Knoof, Maurermstr. (Kurfürstenstr. 14.)
Bolzenthal, Rechtskand.
— Post-Sekr.
Goßmann, Portier.
Hauff, Kondukt.
Janke, Ww.
Lenz, Geh. Kriegsrath.
Müller, Ww.
Pfannenstiel, Bür. Chef a. D.
Schüttler, Architekt.
Schultz, Geh. Ob. Reg. Rath
12 E. Knoof, Maurermstr. (Kurfürstenstr. 14.)
Becker, Schuhm.
Klein, Wirkl. Geh. Kriegs-Rath.
Mehrtens, Reg. Baumstr.
Sandgrund, Tapez.
Schellenberg, Dr. phil., Direktor.
Sprögel, Schneider.
13 E. Schultz, Kfm.
Brodtwolf, Bildhauer.
Eisenschmidt, Buchhdl.
Hansemann, Ob. Geomet. a. D.
Imiela, Modistin.
Leweß, vw. Hofrath.
Mirsch, Holzhdl.
Schultz, Droguenhdl.
Wichers, Ww.
Wichert, Maler.
14 E. Knoof, Maurermstr.
Bertram, Stadtschulrath
Henne, Ob. Postrath.
Kilian, Kolonialwrhdl.
Kramer, Postschaffn.
Meyenburg, Buchhdl.
Müller, Kfm.
Reuß, Ww.
Schmidt, Ww.
Tietz, Zimmerpol.
15. 16 E. Hewald, Gutsbes. (Alt-Schöneberg)
V. Willmann, Rechn. Rath.
Bernstein, Kfm.
— & Sohn, Fellhdl.
15. 16 Bernstein, Rent.
Bordmann, Maler.
Jahn, Rentier.
Kroll, Buchbinder.
Küster, Komtorist.
Lehmeß, Landger. Rath.
Müller, Eisenb. Beamt.
Paulus, Ingen.
Sündermann, Posament.
Vogel, Postbote.
Waechter, Ob. Forstmstr.
17 E. Gause, Raths-Maurermstr. (Neue Königstr. 41.)
V. Kupfer, Schankw.
Evers, Lokomotivf.
Fechner, Werkführer.
Herberger, Buchhalt.
Hobhaus, Dachdecker.
Holtz, Kanzlist.
Koch, Beamt.
Krüger, Postbote.
Lamprecht, Tischler.
Lucke, Sergant.
Nagel, Bildhauer.
Nalbach, Schuhm.
Sarner, Rentiere.
Schmitz, Schlosser.
Zückner, Schuhm.
18 Rohbau.
E. Berndt, Rentier. (Kurfürstendamm 140)
19 E. v. Linstow, Baron Hptm. a. D.
Panzerbieter, Ob. Lehrer
Schneiche, Kondukt.
Scholz, Grünkramhdl.
Wendland, Reg. Baumstr.
Merchan, Eisenb. Insp.
20 E. Meisch, Tischler.
Buchof, Kfm.
Eberle, Tischler.
Gregor, Dachdeckermstr.
Gründler, Friseurin.
Heier, Schriftgießer.
Henke, Handelsm.
Hitzheim, Ww.
Hummel, Ww.
Jensch, Güter-Exped.
Recke, Geh. Registr.
Schneider, Eisenb. Beamt.
Schütze, Kaiserl. Mundkoch.
Siegfried, Ww.
Ullmann, Maurer.
Wagner, Schuhm.
Witte, Handelsmann.
Ziegler, Ww.
21. 22 E. Amalienhaus.
V. Sahlland, Frl., Oberin.
23 E. Lüling, Rentier.
Glutsch, Maler.
Hahn, Postbeamt.
Haumann, Kondukt.
Niemann, Tischler.
Radestock, Buchhalter.
Pusemann, Tapez.
Schellner, Schuhm.
Stellmacher, Agent.
Zibell, Kondukt.
24 E. Mittelstädt, Baumstr. (Müncheberger-str. 22.)
Hochmeister, Ww.
Hoffmann, Tischler.
Kröckel, Schlosser.
Matthes, Eisenb. Beamt.
Mietoff, Registrator.
Sturm, Zeitgs-Spedit.
Vater, Schutzm.
Walther, Schankw.
25 E. Mittelstädt, Zimmermstr. (Münchebergerstr. 22.)
Danziger, Kfm.
Friedrichs, Modistin.
Hollmann, Kfm.
Meyer, Büffetier.
Schulz, Kassirer.
Wiechmann, Goldschmied.
26 E. Bernhardt, Mechan.
Bargsteen, Buchhalt.
Börner, Schuhm.
Eitner, Cigarrenfbrk.
Kaltenhagen, Lehrerin.
Freimuth, Viktualienhdlrin.
Fritzmann, Friseurin.
Hasper, Krim. Kommiss.
Heckendorf, Schlächter.
26 Helmann, Schneiderin.
Hempe, Frl.
Löwenthal, Frl.
27 E. Eisenführ, Kfm.
Fischer, Ww.
Fräderich, Maschinenb.
Hörz, vw. Geh. Rechn. Rath.
Müller, Schuhm.
Osenbrüg, Glaser.
— Hebamme.
Schirmeister, Schneider.
Voigt, Geh. Sekr.
Zierlein, Ww.
28 E. de la Croix, Fabrikbes. (Karlsbad 15.)
E. Cornelius, Rentier.
Berndt, Ww.
Heidekruch, Schneider.
Hönig, Handschuhfbrk.
Lübow, Ww.
Schmidt, vw. Assess.
Veit, Ww.

zw. 28 u. 29 Potsdamerstr.

29 E. Raub, Kfm. (Außerhalb)
V. Mewis, Restaur.
Müller, Zimmermstr.
Riedel, Leihbiblioth.
Stock, Kfm.
Thumernicht, Ww.
30 E. Büchting, Bildh. (Wichmannstr. 5.)
Bäsell, Fbrk. f. Gas- u. Wass. Anl.
Bartelt, Kleinhdl.
Krieg, Major z. D.
Kruge, Ob. Leutn. z. D.
Pollin, Pensionär.
Borthmann, Geh. Sekr.
— Lehrerin.
Weitz, Bandagist.
31 E. Kabelitz, Ww. Restaur.
Quade, Bür. Vorst.
32 E. Willmann, Bautechniker
Bars, Holzhdl.
Hanke, Beamter.
Ideler, Töpfer.
Minke, Holzhdl.
v. Schimmelfennig, Modistin.
Tausch, Lehrer.
Willmann, Rentiere.
33 E. Richnow, Rentier. (Ziethenstr. 6b.)
V. Zahl, Portier.
v. Bronikowski, Prem. Leutn.
Datow, Viktualienhdl.
Etscheit, Prem. Leutn.
Freund, Ww.
Goetz, Buchhdl.
Lemp, Dr., San. Rath.
Leyyson, vw. Dr.
Seldis, Ww.
Ullrich, Rentier.
Wulsten, Reg. Rath.
34 E. Rost, Schlosser.
Blankenburg, Frl.
Brajack, Ww., Rent.
Janke, vw. Sekr.
Jarchow, Tapez.
Iffland, Bür. Assist.
Katzenstein, Kfm.
Levysohn, Rentier.
Liebe, Schuhm.
Rieck, Grünkramhdl.
Schulz, Major.
Streidel, Ww.
Thielen, Dr., prakt. Arzt.
Wolff, Mus. Lehrer.
Wruck, Kanzl. Rath.
35 E. Tupke, Hoflief. (Neue Jacobstr. 4.)
V. Fink, Gutsbes.
Brink, Schuhm.
Cruse, Vorsteher.
Dürre, Kanzl. Rath.
Hauser, Bür. Assist.
Lehmann, Ww., Rent.
v. Martens, Prof.
Mehnert, Heilgeh.
Schulz, Telegr. Beamt.
Soergel, Ingen.
36 E. Eckelberg, Oekonom.
Büscher, Ww.
Bikser, Schmied.
Heinrich, Friseurin.
Jahn, Juwelier.

Auszug aus dem Adreßbuch von 1882, in dem die ersten Bewohner des Kurfürstendamms aufgeführt sind.

straße für die junge Reichshauptstadt zwischen dem König und dem Kanzler diskutiert. Es sollte im Unterschied zu der historischen Straße Unter den Linden etwas ganz Modernes, betont Elegantes entstehen. Schon 1875 erhielt der Kanzler vom König die Order zum Bau der Straße. Es gehört zu den Kuriositäten der Geschichte, daß Bismarck um die richtige Konzeption des Kurfürstendamms immer wieder wie ein Löwe kämpfen mußte, fast wie mit dem Erbfeind. Es war allerdings nur die Berliner Stadtverwaltung. Der Kampf ging nicht um die Längsachse. Diese war immer unbestritten. Sie sollte vom Tiergarten, genauer gesagt: vom Eingang des Zoologischen Gartens zum Grunewald führen.

Der Streit ging um die Breite der Straße. Der Berliner Polizeipräsident wollte nur 30 Meter Breite genehmigen. Es spricht für Bismarcks Spürsinn für künftige politische Entwicklungen, daß ihm dies zu eng schien. Die Kabinettsorder, die Bismarck am 2. Juni 1875 erwirkte, legte dem gegenüber fest, daß die Gesamtbreite 53 Meter zu betragen habe. Die Planung setzte sich so zusammen: 7,50 Meter Vorgarten vor jedem Haus, 4 Meter Bürgersteig, 10 Meter Fahrbahn, 5 Meter Reitweg, 5 Meter Mittelpromenade, 10 Meter Fahrbahn, 4 Meter Bürgersteig auf der anderen Seite. Dort wieder 7,50 Meter Vorgarten.

Gibt es auch heute weder Reitweg noch Mittelpromenade, sind auch die Vorgärten fast ganz verschwunden, so hat sich doch an Bismarcks Grundkonzept nichts geändert. Jetzt, hundert Jahre später, muß man Bismarck für seine kluge Voraussicht loben. Wenigstens die deutschen Autofahrer sollten es dem Kanzler danken. Es gäbe heute kein nächtliches Stelldichein der motorisierten Fans, diese nicht abreißende Parade der Berliner Autofahrer, die immer noch auf dem Kurfürstendamm etwas von Weltstadtatmosphäre spüren läßt. Die Vorstellung, der Boulevard wäre nur 30 Meter breit, ist bedrückend.

Vor hundert Jahren – was damals einsetzte, war ein faszinierendes Kapitel der bürgerlichen Gesellschaft und ihrer Wirtschaftskraft, Hochkapitalismus genannt. Heute ist das alles schwer vorstellbar: Damals ging ein Rausch ökonomischer Prosperität durch Deutschland. Die Gründerjahre blühten, auch dank der Reparationen aus Frankreich. Die Berliner Stadtbahn wurde gebaut. Überall entstanden neue Fabriken, Gewerbebetriebe, Geschäfte, Vergnügungsviertel, Hotels. Es war ein Reich entstanden, dröhnend vor Kraft, innen ziemlich hohl. Es war der trügerische Glanz der späten Kaiserzeit. Berlin wuchs. Es dehnte sich kolossal aus. Es wuchs vor allem gen Westen, zum Tiergarten, Richtung Charlottenburg – go west, go west! Dort, wo gestern noch märkische Kleinstädte oder einfach Ackerland gewesen

Seite 42: Bismarck um 1885
Die ersten Versuche einer O-Bus-Linie 1882

war, begann man jetzt zu investieren. Warum, bitte, ist eigentlich immer der Westen die Hoffnung, das Schöne?

Ein wichtiges Datum: Im November 1882 wurde in Berlin, von der Deutschen Bank organisiert, die sogenannte ›Kurfürstendamm-Gesellschaft‹ gegründet. Sie übernahm den Verkauf und die Entwicklung des Geländes. Zwischen 1883 und 1886 legte sie die Straße im noch wüsten Ackerland an, und zwar genau nach den Maßen Bismarcks:

ENSEE.

mit Promenade und Reitweg in der Mitte, ›zur kavalleristischen Ertüchtigung der höheren Stände‹, wie Bismarck das luxuriöse Projekt dem deutschen Kaiser empfahl. Hier sollten Seiner Majestät Offiziere nicht nur lustwandeln, sie sollten sich militärisch auf Trab halten. Das Projekt ›Kurfürstendamm-Gesellschaft‹ war jedenfalls ein ungeheurer Erfolg, finanziell. Schon entstand in Halensee draußen ein Vergnügungspark, wo man ägyptische Bauwerke oder den ›Untergang Pompejis‹ bewundern konnte.
Es war unverkennbar: Diese Straße war jetzt im Kommen. Wer hier investierte, wurde Millionär, über Nacht sozusagen. Es war wie ein Fieber, ein Taumel, der über die Leute kam. Plötzlich wurde das Gelände westlich des Brandenburger Tors als neues,

Seite 44: 1896 – Sonntagnachmittag auf dem Kurfürstendamm am Bahnhof Halensee (Zeichnung v. G. Akermark).
1904 – »Terrassen am Halensee«, später der Lunapark

vornehmes Wohngebiet entdeckt. Der Westen wurde für die Berliner die neue Mode, das Vornehme. Berlin WW war das Feinste vom Feinen. Wer auf sich hielt, mußte hier eine Filiale oder doch wenigstens eine Adresse haben. In wenigen Jahren verlagerte sich das Vergnügungsleben Berlins vom alten Kern Unter den Linden und Friedrichstraße hierher.

Damals muß es am Boulevard noch wüst und leer ausgesehen haben. Erste Häuser am Kurfürstendamm, noch unnumeriert, werden im Berliner Adreßbuch seit 1877 ausgewiesen. Wenig später eröffnete das renommierte Hotel ›Kaiserhof‹ in Berlin Mitte hier am Kurfürstendamm eine Konditorei, die ›Romanisches Café‹ hieß. Kurz vor der Jahrhundertwende wurde die Kaiser Wilhelm-Gedächtniskirche eingeweiht. Das waren unverkennbare Zeichen.

Es gab noch einen anderen Bezugspunkt, der für den Kurfürstendamm von Bedeutung war. Ganz oben im Westen, wo er endete, war eben die Villenkolonie Grunewald entstanden. Wohlhabendes Unternehmertum kaufte sich hier an, siedelte im Grünen, baute sich Häuser von beachtlicher Pracht. Auch diese Gründung ging auf Bismarck zurück. »Dies soll nun der Westen Berlins werden«, entschied der Eiserne Kanzler, und so geschah es auch. 1899 wurde die Kolonie als »selbstständige Landgemeinde Grunewald« anerkannt.

Bismarckplatz an der Hubertusallee im Grunewald

Villa Bode in der Uhlandstraße, erbaut 1885 im Bismarck-Stil
Seite 49: Bismarck-Denkmal der Villenkolonie Grunewald (Holzstich 1897)

Es ist wahrscheinlich, daß der betont individuelle Villenstil von Grunewald auch Bismarck vorschwebte, als dann die Bebauung der neuen Straße begann. Heute erinnern am Kurfürstendamm, Ecke Fasanenstraße (auf der Südseite, Richtung Wilmersdorf), noch drei alte Häuser an dieses frühe Bismarck-Konzept, das man als maßvoll, ja schön bezeichnen kann.

Man sollte meinen, der Kanzler des Kaiserreiches habe damals wichtigere Probleme im Kopf gehabt. Man darf es vermuten. Trotzdem hing er mit einer überraschenden Passion zeitlebens an diesem Kurfürstendamm-Projekt. Es war für ihn immer viel mehr als eine lokale Marotte. Mit der Berliner Prachtstraße wollte er seine Idee von der Gleichrangigkeit Preußens mit den großen Metropolen Europas demonstrieren. Er hat sie gegen massive Widerstände der Berliner Stadtverwaltung durchgesetzt. Noch zwei Jahre vor seinem Tod sprach er von diesem seinem Kampf um den Boulevard wie von einem gewonnenen Krieg für die Berliner. »Das eine kann ich wohl für mich in Anspruch nehmen«, schrieb er, »ich habe den Berlinern Luft verschafft. Den Kurfürstendamm und die Villenkolonie Grunewald, die damit zusammenhängt, habe ich ganz allein durchgekämpft. Ich habe bei dem König eine Kabinettsorder erwirkt, den Kurfürstendamm als Zufahrt nach dem Grunewald durchzuführen, trotzdem ich

das Polizeipräsidium gegen mich hatte.« Kurios auch der Zusatz: »Übrigens, wenn die Berliner mir ein Denkmal setzen wollen, so wünsche ich es mir auf dem Kurfürstendamm.«

Dieser Wunsch blieb unerfüllt, wie man weiß. Heute nimmt man die Undankbarkeit der Berliner eher dankbar zur Kenntnis. Es ist ja kein Mangel an Bismarck-Denkmälern in Deutschland. Fast alle sind schauderhaft. Hier auf dem Kurfürstendamm würde ein Monument wie etwa das am Hamburger Hafen heute nur komisch wirken. Aber die Grunewalder hatten den Wink des Kanzlers verstanden. Sie haben ihrem Schirmherrn schon 1897 am damaligen Joachimsplatz ein Denkmal gesetzt. Es war nicht schauderhaft: Es zeigt den Kanzler privat mit Hund. Es gibt das Standbild nicht mehr. Ausgerechnet von den Nazis wurde der Metallblock 1943 eingeschmolzen, zur Stärkung der Rüstungsindustrie. Nur noch der Sockel steht heute da – am Bismarckplatz, wie er jetzt heißt.

1905 – In Berlin WW fährt man in eine neue Epoche

Der Laufsteg des Weltgeistes

Heute, rückblickend, kann man es mit der Genauigkeit eines Historikers diagnostizieren: Dreißig Jahre lang ist Berlin sehr viel mehr als nur die junge Hauptstadt des zweiten deutschen Reiches gewesen. Berlin wurde bald nach der Jahrhundertwende die Bühne der Zeit, die geistige Hauptstadt Europas. Für eine Generation überflügelte es Paris, Rom, London. Hier schlug das Herz der Epoche. Alles strömte jetzt nach Berlin. Hier muß man mitmischen. Der Rest war Provinz.

Heute hat sich das ja verändert. Aber damals pflegten die Berliner das Wort ›Provinz‹ mit einer wegwerfenden Gebärde großzügiger Kaltschnäuzigkeit auszusprechen, die für Neuankömmlinge einschüchternd war: Hannover, Frankfurt am Main, selbst München – alles ›Provinz‹. Die Capitale des Reiches lag an der Spree, wo Ost und West aufeinandertrafen, sich vermischten, sich bekämpften, alle in dem Gefühl geeint: Wir sind die Mitte. In Berlin schlägt die Uhr der Geschichte. Zwischen 1904 und 1934 war hier der Weltgeist, wenn nicht zu Hause, so doch ein ziemlich getreuer Dauergast. Und alles, was an ihm jung und modern, progressiv und auch etwas frivol war, logierte jetzt rund um den Kurfürstendamm.

In dieser frühen Glanzphase sah der Kurfürstendamm noch anders aus, als wir ihn heute kennen. Zunächst war er noch als echter Boulevard konzipiert. In seiner Mitte zog sich ein acht Meter breiter Reitweg, von zwei Baumreihen eingefaßt. Sehr früh schon verlegte man hier Geleise für eine Pferde-, dann später für eine Dampfbahn. Schon ab Mai 1886 ratterte zwischen Zoo und dem Grunewald die erste Dampfbahn, zu Ausflugszwecken. Kurfristig konnte man hier sogar ein elektrisches Vehikel bewundern, das Siemens installiert hatte: eine Kutsche mit Stromanschluß von einer Oberleitung – unser O-Bus-System wurde ausprobiert. Das Neueste und Sensationelle – hier war sein Ort. Die Rennbahn der Zeit war eröffnet.

Übrigens begann der Kurfürstendamm ursprünglich viel weiter östlich. Er fing auf der Höhe des Tiergartens an am Landwehrkanal bei der Corneliusbrücke, auch Lützowufer genannt. Eine vornehme, diskrete Villa, die wie aus Bismarcks Tagen wirkt, erinnert noch heute daran, daß hier Berlin WW begann. Die Kaiser Wilhelm-Gedächtniskirche, die 1895 eingeweiht wurde, stellte nicht die Ostbegrenzung dar; sie lag mitten auf dem Boulevard. Erst 1925 wurde der Kur-

fürstendamm auf jene Maße verkürzt, die uns heute geläufig sind. Die Strecke zwischen Corneliusbrücke und Gedächtniskirche wurde, wie sie heute jedermann kennt, in Budapester Straße umbenannt. Die Reichshauptstadt meinte, dies den Ungarn schuldig zu sein.

Man hatte nämlich die alte Budapester Straße, die in Berlin Mitte vom Potsdamer Platz zum Brandenburger Tor verlief, 1925 nach dem Tod des ersten Reichspräsidenten in Ebertstraße umgetauft. Es galt, einen Ersatz, eine Art Wiedergutmachung für die Ungarn zu finden. Man fand sie, indem man den alten Kurfürstendamm einfach verkürzte. Amputation eines Boulevards – wer weiß davon noch? Man muß die Operation als gelungen bezeichnen. Der Schnitt ist verheilt und vergessen. Nur alte Plakate, die etwa das berühmte ›Hotel Eden‹, Treffpunkt der Reaktion, wo Rosa Luxemburg ermordet wurde, am Kurfürstendamm ausweisen, erinnern daran. Auch die Hausnummern beweisen die Operation noch. Doch wer merkt das schon? Der Boulevard beginnt nämlich am Breitscheidplatz auf seiner Nordfront nicht mit Nr. 1. Die Zählung setzt mit Hausnummer 11 ein. Subtile Lokalkuriositäten – nur Kenner können sie zum Nachdenken bewegen.

Seite 52: 1895 – Einweihung der Gedächtniskirche durch Kaiser Wilhelm II.
1919 – Eine neue Generation erobert den Kurfürstendamm

Ein anderer, wichtigerer Unterschied: Es gab keine Geschäfte. Nichts da von Shopping! Der Kurfürstendamm wurde ursprünglich als reine Wohnstraße angelegt. Er war etwas unendlich Vornehmes, also Stilles. Diskretion schätzte man hier, zunächst. Geschäfte begannen sich erst um die Jahrhundertwende langsam einzubürgern. Großbürgertum residierte stolz. Dort, wo noch vor zwanzig Jahren märkischer Acker und Sümpfe gewesen waren, baute jetzt der neue Geldadel der Reichshauptstadt. Er baute jene prächtigen Paläste, für deren pompöse Schönheit wir vielleicht erst heute wieder Sinn haben. Jede Etage ein komplettes Schloß sozusagen, mit Säulen und Simsen, Balkonen, Balustraden. Man wohnte herrschaftlich, sogar hochherrschaftlich. Heute findet man hier nur noch Reste aus dieser Gründerzeit: breite, marmorne Treppen, im Treppenhaus drinnen antike Fresken, auf denen Amor und Psyche ihr neckisches Spiel treiben. Kunstvolle Glasfenster, bunt und diskret wie in Kathedralen. Die Fahrstühle aus edlen Hölzern. Die Fahrstuhlschächte in feinzisilierten Eisengittern. Nichts blieb hier ungeschmückt. Verrutschte Zeitperspektive: Man wollte es haben wie der Adel im Feudalzeitalter. Man wohnte nur in Berlin W. Man schrieb das Jahr 1910.

Gedächtniskirche aus der Vogelperspektive 1907

Elegantes Leben im Eden-Hotel

Großbürgerhäuser: Jugendstilfassaden und Schlafzimmer der Belle Epoque (bis Seite 59)

Damals fand man das fein. Später lachte man darüber. »Allet zum Abschrauben!« meinte der Berliner Mutterwitz voll Sarkasmus. Heute aber stehen wir vor diesen Prachtfassaden des Großbürgertums nicht ohne Wehmut und geheimes Staunen. Aus unseren kahlen Betonklötzen kommend, diesen Hochhäusern und Wohnsilos einer öden Massenkultur, spüren wir, was uns verlorenging: Humanität und Kultur des Wohnens. Ja, es war eine Klassengesellschaft, die hier residierte. 12 bis 14 Zimmer pro Wohnung empfand man als standesgemäß. Die Zimmerdecken mit prächtigem Stuck geschmückt. Dienstboteneingänge separat. »Nur für Dienstboten« stand unten geschrieben. An Personal war ja kein Mangel. Das kam aus Schlesien, aus Pommern, aus Polen, massenhaft. Es war Hochkapitalismus, die Stunde des preußischen Großbürgertums. Fontane hat sie in seinen Romanen beschrieben. Der Sinn der Epoche für Stil und Repräsentanz bleibt trotzdem bemerkenswert für uns Nachgeborene. Etwas davon wäre wünschenswert, heute.
So also entstand das Prachtkind, ein Kind reicher Eltern, und in einer glücklichen Weltstunde geboren. Zwischen 1890 und 1910 wurde der Kurfürstendamm dann bebaut, und mit ihm war, überraschend genug, sofort eine neue Gesellschaft mit einem neuen Lebensgefühl da. Mitten im Ersten Weltkrieg kündigt sich dieser geschichtliche

A·D·1891
e. Butter

Seite 60/61: Das Ende der Kaiserzeit
Promenade auf dem Kurfürstendamm 1916.
Blühender Jugendstil erinnert heute nur noch vereinzelt an die Kultur des Großbürgertums

Umbruch rund um die Gedächtniskirche an. Noch promenieren hier des Kaisers Offiziere mit ihren breithüftigen, zopfigen Damen, die immer noch lange, pompöse Gewänder tragen, aus Großmutters Zeit. Daneben aber flaniert junge, elegante Welt. Eine neue Generation stellt sich vor, frisch und frech. Die jungen Herren werden immer kecker, die Damen mondän bis gewagt. Ihre Kleider werden immer kürzer, ihre Haare auch, Der Bubikopf wird später in den zwanziger Jahren einer Revolution gleichen.

Das große Sehen und Gesehenwerden beginnt. Der Laufsteg der Moden ist freigegeben. Das Neue, Gewagte stellt sich zur Schau. Berlins eleganter Boulevard ist eröffnet. Der Kurfürstendamm um 1910: Alte Fotos und Filmaufnahmen aus dieser Zeit zeigen eine junge, lebendige Straße des Amüsements, schon fiebernd, nervös der Zukunft zugewandt. Schon sitzt man in ersten Cafés auf der Straße, sonnt sich, liest Zeitung. Die große Zeit hat begonnen.

Wann der Weltgeist persönlich hier eintraf, ist schwer auszumachen. Ich schätze sehr früh, so um 1905. Kam er aus Paris, aus London, aus Wien, aus dem fernen Moskau? Auch das ist schwer zu entscheiden. Ich vermute, er kam damals von überall. Er hat jedenfalls hier Platz genommen. Er sitzt in einem Café am Boulevard. Er sieht wie ein junger Künstler aus, Mitte Zwanzig. Zuversicht und Zukunft geht von ihm aus. Ist er ein Maler, einer der jungen Impressionisten, die Max Liebermann hier als ›Berliner Secession‹ um sich sammelt? Ist er ein junger Schriftsteller, der, aus Galizien kommend, hier sein Glück versucht? Ist er ein Schauspieler, der jetzt Theatergeschichte machen wird? Die Bühne ist offen: Das Stück beginnt.

Der Maler Max Liebermann gründete hier die Berliner Secession

Boulevard der Intellektuellen

Diese Straße ist in ihrer Glanzzeit dann so etwas wie eine Weltanschauung geworden. Der Geist des Kurfürstendamms, unverwechselbar mit allen anderen Quartieren Berlins, war kosmopolitisch und progressiv. Er war keß und witzig, er war leichtlebig, scharfzüngig, bewußt ironisch zersetzend. Vor allem in den zwanziger Jahren wurde der Kurfürstendamm zum Boulevard der Intellektuellen und derer, die so taten, als ob. Viel Firnis, viel Talmi und Halbwelt schwammen mit.

Und doch: Die berühmten Goldenen zwanziger Jahre – oft und mit Recht in Frage gestellt –, hier auf dem Kurfürstendamm hat es sie tatsächlich gegeben. Es war ein strahlender und hektischer Tanz auf dem Vulkan. Es war eine verrückte, eine fröhliche und ziemlich exzentrische Zeit. Trotz aller Pleiten und Bankkrachs blühte hier der frivole Witz jener ›Asphaltliteraten‹, den die Nazis, aus ihren dumpfen bayerischen Bierstuben kommend, mit Recht fürchteten Deutsche Sumpf- und Nebeldichter waren deplaziert. Hier wehte ein frischer, klarer Wind.

Tatsächlich ist der Kurfürstendamm in seinen besten Jahren sehr weitgehend ein Kind des jüdischen Geistes gewesen. Wenn es je einen Ort wirklich gelungener deutsch-jüdischer Symbiose im Reich gegeben haben sollte, so ist es diese Straße gewesen, sie vor allem. Jüdische Intellektuelle, Künstler, Literaten, Kulturmanager haben ihr zu jenem Glanz verholfen, der sie weltberühmt machte. Aber es war auch viel Polnisches, Schlesisches, Russisches eingemischt. Das alles gerann hier zu jenem Berliner Geist, der am Kurfürstendamm funkelte: trocken und frech, gallig, zugleich sehr sentimental. Polemisch bis streitsüchtig gab man sich hier. Man war trotz aller Wirtschaftsdepressionen unglaublich optimistisch. Darunter lag Endzeitgefühl. Eine Ahnung von Unter-

Der Boulevard als Laufsteg der jungen Generation Anfang der zwanziger Jahre

Die neue Muse Film gab dem Boulevard mit seinen klassischen Uraufführungstheatern die Aura des Sensationellen

gang in der Hektik der Nachtbars. Es war die schöpferische Stunde der Dekadenz: Glanz und Verfall. Hitler stand vor der Tür.

Wahrscheinlich aber hing der Siegeszug des Kurfürstendamms mit einer technischen Entwicklung zusammen: der Erfindung des Films. Schon am 17. September 1922 lief hier im ›Alhambra‹ – Kurfürstendamm 68 – in einer experimentellen Aufführung der erste Tonfilm. Das ging nun blitzschnell: Kaum flimmerte etwas Bewegtes über die Leinwand, da schossen schon die großen Filmpaläste wie Riesenorchideen aus dem Boden. Es gibt diese Häuser noch immer. Am Kurfürstendamm 236 etablierte sich das ›Marmorhaus‹, gegenüber der ›Gloriapalast‹. Es sind jene großen Uraufführungstheater rund um die Gedächtniskirche gewesen, die der Straße die Aura des Aufregenden, ja Sensationellen gaben. Hier geschah das Neue, dem alle entgegenfieberten. Als der ›Gloriapalast‹ 1926 seine Türen öffnete, geschah es mit Murnaus Film ›Tartüff‹ nach Molière und dies gleich in einer Starbesetzung, wie sie sich damals gehörte: mit Lil Dagover, Emil Jannings, Werner Krauss. Das meiste aus diesen Jugendtagen des deutschen Films ist heute vergessen. Geblieben sind nur die Namen der Klassiker: Ernst Lubitsch, Fritz Lang, G. W. Pabst zum Beispiel. Filmstars wie Greta Garbo, Marlene Dietrich, Ingrid Bergman traten von Kur-

fürstendamm-Kinos aus ihren Siegeszug rund um die Welt an.

Zugleich zog damals das junge Theater hier ein, merkwürdigerweise alle auf der linken Seite des Boulevards, bis heute. Schon 1921 hatte das ›Theater am Kurfürstendamm‹ mit dem Dreiakter von Curt Goetz ›Ingeborg‹ eröffnet. Später fand hier die Erstaufführung von Brechts Oper ›Aufstieg und Fall der Stadt Mahagonny‹ statt. Gleich nebenan eröffnete das Bühnengenie der Epoche, Max Reinhardt, die ›Kommödie am Kurfürstendamm‹ mit Goldonis Stück ›Der Diener zweier Herren‹. Es war ein sensationeller Erfolg. Eine Berliner Zeitung schrieb damals: »Das wahrhaft entzückende Haus mit einem eleganten Publikum bis in den letzten Winkel gefüllt, mit dem Reichskanzler Marx und dem Außenminister Stresemann

Seite 68: Die große Zeit des Films: Lil Dagover, der Regisseur Murnau und Marlene Dietrich
Seite 69: Die Nazis versuchten, diese Tradition in ihrem Sinne fortzusetzen

AM ZOO
Otto Gebühr
Lil Dagover
Die Tänzerin von Sanssouci
UFA-SINFONIE ORCHESTER
Mit
Hans Stüwe
Regie
Friedr. Zelnik
JUGENDLICHE HABEN ZUTRITT
UFA-SINFONIE ORCHESTER

in der Proszeniumsloge zur Rechten und zur Linken, erregte allgemeine Bewunderung.« Man spürt in solchen Sätzen noch die Funktion und Rolle der Reichshauptstadt damals. Heute ist das Vergangenheit. Heute findet auf beiden Bühnen waschechtes Boulevardtheater statt, das unverändert seine Liebhaber findet.

Als neuer Glanzpunkt ist jetzt allerdings weiter oben am Lehniner Platz im umgebauten Mendelssohnbau Peter Steins ›Schaubühne‹ eingezogen. Wahrscheinlich das beste deutsche Theater überhaupt, zu dem die Kenner wie zu Bühnenweihspielen pilgern. Ohne Frage, es hat dem sonst eher vermurksten Boulevard heute einen neuen Akzent gegeben. Hier treffen sich wieder die Intellektuellen, als Publikum wenigstens.

Und so könnte man, rückblickend, fortfahren. So könnte man weiterbummeln durch versunkenen Glanz – was ist hier alles gewesen? Fast jeder Block, jedes Haus ein Haus mit Vergangenheit, die an ruhmvolle Namen erinnert. Robert Musil schrieb hier an seinem Roman »Der Mann ohne Eigenschaften«. Joseph Roth lebte in den Hotels am Kurfürstendamm sein exzentrisch ausschweifendes Dichterleben. Der schlesische Lyriker Max Hermann-Neisse wohnte hier – eine Tafel erinnert noch daran. Robert Koch lebte in jenem Haus, das später zum berühmten ›Hotel am Zoo‹ wurde – keine Tafel erinnert an ihn.

Das Haus Cumberland: Kurfürstendamm

Die Komödie am Kurfürstendamm – Max Reinhardts neues Theater 1924

Kunst und Geist zogen hierher: Robert Musil, Werner Krauss, Curt Goetz, Joseph Roth

193/194 wäre zu rühmen. Es ist in seiner maßvoll vornehmen Architektur äußerlich unverändert erhalten. Es war ein luxuriöses Hotel, das immer wieder den Namen und den Besitzer wechselte. Es war finanziell ein Mißerfolg und gehört doch zur Geschichte und Kultur dieser Straße. In diesem Haus begann nämlich das ›Kabarett der Komiker‹, bevor es 1928 sein eigenes Haus am Lehniner Platz bezog. ›Kitty macht Karriere‹ hieß die große Revue-Operette, die man zur Einweihung spielte. Die Premiere mißglückte. Die Akustik war miserabel zunächst und doch: Das ›KadeKo‹, wie es dann liebevoll-schnoddrig genannt wurde, hatte die Großen der leichten Muse alle zu Gast: Karl Valentin, Hans Moser, Claire Waldoff mit ihrem unvergessenen Song aus der Nazizeit: »Hermann heest er ...«

Im übrigen unterhielten die Nationalsozialisten in den ersten Jahren des Dritten Reiches zum Kurfürstendamm ein ambivalentes Verhältnis. Einerseits verabscheuten sie ihn als Inbegriff des jüdischen Geistes – tatsächlich sah man hier bis 1938 weniger Hakenkreuzfahnen –, andererseits benutzten sie gerade im Jahr der Olympischen Spiele 1936 den Boulevard als Aushängeschild für eine neue deutsche Kultur: die Zeit der Fridericus-Filme.

Ich erinnere mich an Werner Finck und seine Auftritte im ›Kabarett der Komiker‹. Das muß 1937 gewesen sein. Ich war damals

achtzehn. Ich ging noch zur Schule. Ich besuchte das Grunewald-Gymnasium, das noch heute ganz oben am westlichen Ende des Kurfürstendamms, nur wenige hundert Schritte weiter liegt. Und des Abends ging ich hierher. Man saß im Saal an gedeckten Tischen, trank Wein, trank Sekt und hörte sich die witzig-verwegenen Wortkapriolen an, die dieser wunderlich-mutige Intellektuelle so unvergleichlich verschlucken und wegnuscheln konnte. Es war eine Kunst sublimer Andeutungen, halber Sätze, die kamen und doch nicht kamen. Kabarett war eine riskante Muse geworden. Das freie Wort war lebensgefährlich und eben deshalb doppelt brisant. Schlechte Zeiten sind immer gute Zeiten für Kabarettisten gewesen. Der Satz gilt auch umgekehrt – heute.

Die beginnende Nazizeit brachte dem Kabarett in seiner politischen Funktion noch einmal Bedeutung. Das berühmteste war Willi Schaeffers Kabarett der Komiker
Claire Waldoff und Werner Finck traten hier häufig auf

Der Film als Propaganda-
instrument des Dritten
Reiches veränderte das
Gesicht des Boulevards

Ein Requiem auf das Caféhaus

Heute ist es nur noch ein Gerücht. Heute ist das tot, was ich meine. Heute erinnert nur noch eine belanglose Leuchtschrift an der elektrischen Reklamefront Kurfürstendamm, Ecke Joachimstalerstraße, an den Ort, wo es einmal stand, ganz zu Beginn. Da zuckt manchmal der Schriftzug ›Café des Westens‹ auf, aber da ist nichts mehr. Da sind jetzt Phonoläden, Sexkinos, Modeboutiquen, ein ziemlich mißratenes Shop-in-Shop-System, das die Kunden mehr verwirrt als anzieht. Das Ganze heißt heute ›Kudammeck‹ und sieht auch so aus. Die Leute ziehn in Scharen vorbei. Wer erinnert sich? Wer weiß, daß hier alles begann?

Ich komme auf das Wort des amerikanischen Dichters Thomas Wolfe zurück, der schon in den dreißiger Jahren den ganzen Kurfürstendamm » das größte Caféhaus Europas« genannt hatte. Er hatte recht. Der Weltgeist saß hier im Café. Seine früheste Spur geht weit zurück. Man kann sie mit dem Jahr 1893 festmachen. Damals wurde an dieser Stelle, also schräg gegenüber vom ›Kranzlereck‹ heute, jenes Café eröffnet, das dann später unter dem Namen ›Café des Westens‹ berühmt wurde. Es hieß damals nur noch nicht so. Es hieß ›Kleines Café‹ und muß auch so gewesen sein: eng und sehr bescheiden zunächst. Hier saß man zusammen, diskutierte, redete die Nächte durch.

Offenbar stieg so viel versammelter Geist den Gästen zu Kopf. Jedenfalls erweiterte sich das ›Kleine Café‹ nach oben. Im ersten Stock gründete man jenes Zusatzetablissement, das dann bald unter dem Spitznamen ›Café Größenwahn‹ weltberühmt wurde. Hier wurde Literaturgeschichte nicht gemacht, sondern gelebt. Der Fremdenführer ›Berlin und die Berliner‹ (erschienen schon 1905 und ausgerechnet im stillen Karlsruhe) charakterisierte es für seine Leser als »erste und echte Brutstätte der Berliner Boheme«.

Zwei Jahrzehnte lang traf man sich also hier. Es war ein Erfolg ohnegleichen. Aber offenbar war dem Besitz des ›Café des Westens‹ der Erfolg auch zu Kopf gestiegen. Jedenfalls schloß der tüchtige Unternehmer 1913 sein Etablissement plötzlich. Er wollte es noch feiner, größer, vornehmer richten. Er zog zum ›Haus Wien‹ um, das es noch heute gibt, wenn auch ganz anders. Der Wirt hatte die Rechnung nur ohne seine Gäste gemacht. Die wollten das nicht: das neue, schönere Caféhaus. Sie wurden untreu. Sie

CONDITOREI-WIEN
LICHTSPIELE

Die Ruhe vor dem Sturm: Conditorei Wien 1930 im heutigen Haus Wien

zogen in das ›Romanische Café‹ um, das östlich hinter der Gedächtniskirche schon seit der Jahrhundertwende existiert hatte, fast unbeachtet. Es war als Filiale des ›Hotel Kaiserhof‹ aus Berlin Mitte gekommen. Es wurde nun zur Heimat der jungen Berliner Boheme.

Ja, es ist eine Art Archäologie der Caféhäuser, die ich hier versuche. Es ist nicht leicht, die Wanderungsgeschichte der Boheme damals zu rekonstruieren. Alle Kenner der Szene schwärmen in ihren Erinnerungsbüchern von diesen beiden Adressen. Wie und wo sie genau lagen und ab wann welches Café passé oder eben in Mode war, wird weniger deutlich beschrieben. Soviel steht fest, als Faustregel sozusagen: Bis zum Ersten Weltkrieg war es das ›Café des Westens‹, danach das ›Romanische Café‹, das den Geist anzog.

Auch dieses große romanische Eckhaus, das unter dem Einfluß des Kaisers von Baurat Schwechten noch vor der Jahrhundertwende errichtet worden war, steht heute nicht mehr. Man muß es sich, etwas nach links gerückt, ungefähr auf der Höhe des heutigen ›Europa-Center‹ vorstellen. Das pompöse Haus, ganz im Stil der Gedächtniskirche entworfen, paßte eigentlich wenig für seine neuen Gäste. Hier vermietete man Luxusetagen »für Familien mit großer Lebensführung«, wie ein Inserat damals empfahl. Ärzte, Rechtsanwälte, Kaufleute

wohnten hier. Das Café im Erdgeschoß hatte zwanzig Jahre lang ihnen fast allein zur Verfügung gestanden. Es war kaum der Rede wert. Es wurde weltberühmt, als es die Künstler und Literaten zu ihrem Stammsitz erklärten. Von 1918 bis tief in die dreißiger Jahre hinein blieb das ›Romanische‹ Treffpunkt und Tempel der Intellektuellen.

»Wie von selbst hatte sich eine Zweiteilung des Cafés ergeben«, erinnerte sich PEM, der Zeitgenosse damals. »Gleich links vom Eingang saßen die Arrivierten mit dem Stammtisch von Max Slevogt, der hier mit vielen prominenten Kollegen residierte, zu denen sich auch Roda Roda gesellte ... Die beiden Teile des Cafés waren das Schwimmer- und das Nichtschwimmerbassin. Eine Treppe führte hinauf zur Galerie, die sich die Schachspieler reservierten.«

Hier und im ›Café des Westens‹ hat sich das abgespielt, was man heute rückblickend die deutsche Literaturszene im ersten Drittel unseres Jahrhunderts nennt. Hier sind sie alle ein- und ausgegangen: Else Lasker-Schüler, der ›Prinz von Theben‹ genannt, und ihr Mann Herwart Walden. Klabund, Tucholsky, Kisch, Brecht, Kurt Hiller, Joseph Roth, Hermann Kesten, Gottfried Benn, Klaus Mann – wer noch? Es war die ganze Epoche des Geistes versammelt. Ernst von Wolzogen hatte schon zuvor im ›Größenwahn‹ sein ›Überbrettle‹ gegründet. Max Reinhardt konzipierte hier seine ›Schall- und

Der Geist der Epoche residierte im Caféhaus, zunächst – seit 1893 – im alten Café des Westens

Spätestens ab 1918 zogen die Intellektuellen ins Romanische Café um

Die alte Hofconditorei A. Schilling neben dem »Marmorhaus«

Rauchbühne‹. Der ›Sturm‹ wurde gegründet und die Zeitschrift ›Aktion‹. Nie zuvor, nie mehr danach hat das Caféhaus eine vergleichbare Rolle in der Kulturgeschichte der Deutschen gespielt: Dadaisten, Surrealisten, Linke und Konservative, Revolutionäre und Liberale, alle saßen hier – bis Hitler kam.
Es gibt einen herrlichen Text von Wolfgang Koeppen, der diese Stunde der Auflösung beschreibt. Der Text ist eigentlich ein einziger Satz, fast fünf Seiten lang. Er heißt: ›Ein Kaffeehaus‹. Ich zitiere aus ihm, weil nie poetischer und phantastischer zugleich diese letzte Stunde des ›Romanischen‹ beschrieben wurde. Es ist ein Requiem auf das Caféhaus, Alptraum und Vision eines Dichters, der überlebte und sich so erinnerte, später:
»... wir sahen die Terrasse und das Kaffeehaus wegwehen, verschwinden mit seiner Geisterfracht, sich in nichts auflösen, als sei es nie gewesen, und es marschierten die Standarten auf, die Bewegung bewegte sich zur Kirche oder in die Kirche oder in die Kinos ... Die Gäste des Cafés zerstreuten sich in alle Welt oder wurden gefangen oder wurden getötet oder brachten sich um oder duckten sich und saßen noch im Café bei mäßiger Lektüre und schämten sich der geduldeten Presse und des großen Verrates, und wenn sie miteinander sprachen, flüsterten sie, und wenn sie gingen, bereuten sie, daß sie selbst nur geflüstert hatten, und nicht die Garde zog aus, und nicht die Garde kam wieder, jedermann zog

aus, Mann, Weib und Kind und kam nicht wieder, und ich floh in einer Nacht im November durch die Kanäle der Stadt, durch die dunklen Adern ihrer unterirdischen Kommunikation, über die stromlosen Schienen der Untergrundbahn, ich traf Hadesgespenster, die kleinen Herren der kleinen ohnmächtigen Zeitungen, geprügelte verfolgte Politiker, verstummte Dichter, gefesselte Künstler und Bekanntschaften, die sich den Stern der Schande abgerissen hatten, die nicht ihre Schande war, wir waren in Schlafdecken gehüllt oder in Säcke, wir schützten das Gesicht mit feuchten Tüchern vor dem beißenden Rauch, wir waren im Purgatorium zwischen Wittenbergplatz und Zoologischer Garten, ein Verleger stolperte über Schotter und Schwellen und sagte, ›Sie werden das schreiben‹, und ich dachte, ich werde es schreiben, und wußte, daß ich starb, in dieser Zeit, in diesen Jahren, auch wenn ich nicht gehenkt würde oder erschlagen oder verbrannt, über uns loderte die Stadt, brauste der Feuersturm, ich stieg aus dem Schacht, der Turm der Kirche war zerschmettert, und das Romanische Haus mit dem Romanischen Café glühte, als leuchtete im Sieg die Oriflamme eines geheimen Vaterlandes.«
(Aus: ›Atlas, zusammengestellt von deutschen Autoren‹, Verlag Klaus Wagenbach, Berlin 1965, S. 94-95.)

Das Romanische Café um 1900

Der gute Geist der Weimarer Republik: Max Reinhardt, Max Slevogt, Klabund, Erich Kästner

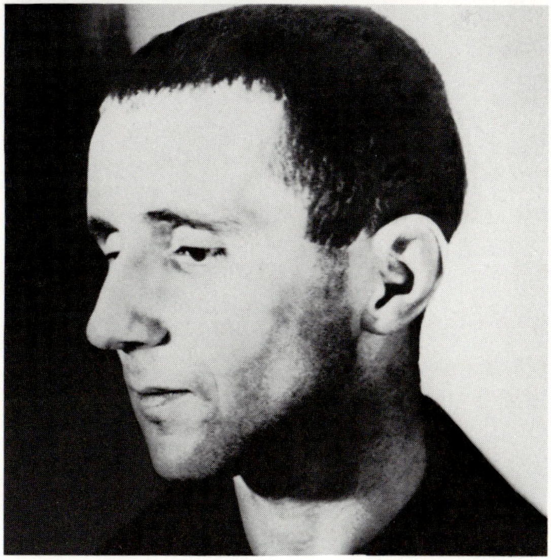

Erika und Klaus Mann,
Kurt Tucholsky mit seiner
Frau Mary, Else Lasker-
Schüler, Bert Brecht

Zeitschriften haben immer wieder den Geist der Epochen formuliert. In den Caféhäusern am Kurfürstendamm wurden u. a. so wichtige politische Wochenschriften wie »Die Aktion« konzipiert (hier in einer Ausgabe des Jahrgangs 1930)

Die Aktion

XXII. JAHR HERAUSGEBER: FRANZ PFEMFERT HEFT 1/4

INHALT: Heinrich Hoerle (Köln): Die Internationalen gehen auf den nationalistischen Strich (Titelblatt) — Lenin: Ueber den Staat — Leo Trotzki: Ein Sieg Hitlers würde Krieg mit Sowjetrußland bedeuten — Franz Pfemfert: Nationalisten-Zirkus — Leo Trotzki: Ueber den Antikriegskongreß — Karl Korsch: Kommunistischer Kassenkampf gegen Marx' Kapital — Kleiner Briefkasten — Für den Pressefonds der AKTION — Antiquariatskatalog.

VERLAG / DIE AKTION / BERLIN-WILMERSDORF
HEFT 60 PFG.

Acht Jahre später triumphierte die Barbarei auch auf dem Kurfürstendamm
Seite 88: Gloria-Palast und Café Trumpf kurz vor Kriegsende
Seite 89: Das zerstörte Eden-Hotel, einst die Hochburg der Deutschnationalen

Als der Krieg zu Ende war

Die Stadt ist kaputt, verbrannt, zerbrochen. Es ziehen die Pferdewagen, die Trecks der Flüchtlinge quer durch Berlin über den Damm. Geschlagene Herrenrasse: Krüppel schleppen sich über die Straße, Kriegsopfer, die nun bettelnd an schwarzen Hausruinen stehen. In einer Nacht damals, die man noch heute ›Reichskristallnacht‹ nennt, haben sie hier zugeschlagen: entsetzlich. Sie haben Schaufenster zerschlagen, Geschäfte geplündert. Sie haben Terror gemacht! »Deutsche, kauft nicht bei Juden!« hieß die Parole. Der Haß galt ausgerechnet denen, die diese Straße lebendig und schön, außerdem weltberühmt gemacht hatten. Die Kleinbürgerwut der Nazis, die sich in den ersten Jahren des Dritten Reiches hier auf dem Kurfürstendamm nicht recht vorgewagt hatte – jetzt brach sie aus, jetzt schlug sie zu, jetzt schlug sie tot, radikal. Die Synagoge in der Fasanenstraße brannte, und nicht nur sie. Von dieser Vertreibung der Juden hat sich die Straße nie mehr erholt. Nie mehr wird der Kurfürstendamm das sein, was er einmal

Das Romanische Haus
1945
Seite 91: Rund um die Gedächtniskirche gleich nach dem Krieg
Seite 92: Der erste Nachkriegswinter, Ecke Joachimstalerstraße
Seite 93: Erster Handel vor dem zerstörten Gloria-Palast

war: die schönste Straße der Weimarer Republik.
Als der Krieg zu Ende war, war die Gegend rund um die Gedächtniskirche eine Ruinenlandschaft, ein Trümmerfeld. Die Kriegsfurie hatte getobt. Auch der Kurfürstendamm war ein Schlachtfeld gewesen. Hier hatten sowjetische Panzer gerasselt, russische Panjewagen waren später über den Damm gerollt. Auch hier hatten Rotarmisten gerufen: »Frau, komm mit!« Vor allem die Frauen sind es dann auch gewesen, die sich in den ersten Nachkriegsjahren hier an die Arbeit machten. Die berühmten Berliner Trümmerfrauen begannen das Schlachtfeld aufzuräumen. Man wohnte in Kellerlöchern. Man hatte den Weltuntergang überlebt. Es war sehr heiß: Sommer 1945. Man schwitzte. Man hungerte. Man hatte Durst und doch – ein Rest von Hoffnung begann sich zu regen.
Es gehört zur Natur der Berliner, daß sie nicht kleinzukriegen sind: zähe Mischrasse. Sie haben vom Osten die Leidensfähigkeit und vom Westen den Unternehmungsgeist in sich vereint. Europas Schwermut und Tatkraft leben beide in ihnen, auf eine ganz unheroische, eher trockene, sarkastische Weise. Und dies mag auch der Grund sein, warum sie nicht aufgaben damals. Sie konnten es nicht. Ohne viele Worte zu machen, waren sie von Anbeginn fest entschlossen, wenigstens ihren Kurfürstendamm wieder

Rankestr.

Hildegard Knef 1947 in dem Käutner-Film »Die Sünderin«

zum Leben zu erwecken. Niemand hatte das befohlen. Keine Besatzungsmacht hatte es verordnet. Es stand einfach fest, daß man den Kurfürstendamm wieder etablieren würde, als Treffpunkt und Laufsteg der neuen Zeit, die nun begann.
Erstaunlich schnell jedenfalls fand die Straße wieder ihre alte Rolle. Alles war improvisiert und noch kümmerlich. Baumstämme dienten als Litfaßsäulen. In Ruinen eröffnete man erste Kunstgalerien und Kellertheater. Die ersten Zeitungen wurden den Händlern mit fiebernder Neugier aus den Händen gerissen. Endlich eine freie Presse, Blätter, die nicht mehr logen! Außerdem gaben sie wichtige Auskünfte über Lebensmittelkarten-Zuteilungen. Zugleich blühte der Schwarzmarkt. Der Boulevard als öffentliche Tauschzentrale. Schon im Sommer '45 konnte man in den notdürftig reparierten Kinos hier Filme sehen, die in der Nazizeit verboten worden waren. Auch das ›Kranzler‹ am Kurfürstendamm war nicht kleinzukriegen. Man saß, wenn auch kümmerlich, wieder auf der Terrasse. Man nippte an unbeschreiblichen Getränken herum, die sich Kaffee oder Limonade nannten, aber eher nach Zimt schmeckten.
Als im Sommer 1947 hier zum erstenmal die Internationalen Filmfestspiele begannen, als im ›Marmorhaus‹ der Käutnerfilm ›In jenen Tagen‹ aufgeführt wurde – alles war noch armselig –, fing der Boulevard wieder an zu leben als Bühne der Zeit. So recht glaubwürdig war der Filmrummel noch nicht, immerhin – der Kurfürstendamm war wieder eröffnet als Laufsteg der Prominenten. Es war die Stunde der Knef, die als ›Sünderin‹ kam. Stars und Sternchen zeigten sich den Berlinern, die nach etwas Glanz, schönem Schein, Glitzerwelt verlangten. Der Kurfürstendamm tat, als ob. Als ob nie etwas gewesen wäre. Der Mensch hat ja diese

Anfang der fünfziger
Jahre . . .

unglaubliche Fähigkeit zu vergessen, zu verdrängen, was anders nicht zu bewältigen ist. Die Deutschen waren damals Weltmeister im Verdrängen.

Es hatte sich aber etwas verändert, was man zunächst nicht so recht wahrhaben wollte im allgemeinen Gefühl, noch einmal davongekommen zu sein. In jenen fünfziger Jahren ging es ja nun wieder bergauf mit dem Boulevard und der Stadt – scheinbar. Berlin war nicht mehr Reichshauptstadt. Seine Rolle als Mitte Europas und Treffpunkt des Weltgeistes war ausgespielt. Es war eine Insel mit Sonderstatus im großen Sowjetimperium geworden, das nun bis an die Elbe reichte. Noch sah man das damals nicht so genau. Noch gab es Hoffnungen, Träume, Illusionen, das alte Deutschland sei eigentlich erhalten, »in Grenzen von 1937«, wie man beschwichtigend sagte. Aber schon die Berlin-Blockade von 1948 hatte deutlich gemacht, wo Berlin jetzt eigentlich lag: mitten im Machtbereich der Sowjetunion, wenn auch exterritorial in seinen Westsektoren.

Heute ist klar zu erkennen: Nichts hat, langfristig gesehen, das Gesicht des Kurfürstendamms mehr verändert, als der Bau der Berliner Mauer im August 1961. Vorher war es noch immer die schöne Visitenkarte, das Schaufenster des Westens gewesen. Ostberliner und Bürger der DDR kamen hierher, pendelten durch, suchten Zuflucht, zuletzt in Massen. Nach dem Mauerbau entstand die westliche Inselstadt. Durch diese Teilung wurde der Kurfürstendamm jetzt die Mitte. Er war nicht mehr der schöne, luxuriöse Westen. Er wurde zum Zentrum der eingemauerten Inselstadt. Er wurde damit auf eine unentrinnbare Weise politisch. Das hatte zunächst nichts mit Versagen der Berliner zu tun. Das Zentrum muß immer politisch sein. Nur an den Rändern ist schöne, zwecklose Anmut möglich.

Im August 1961, wenige Tage nach dem Mauerbau, demonstrierten US-Streitkräfte Berlinpräsenz – zum erstenmal auf dem Kurfürstendamm. Nie hatten hier früher Paraden, Demonstrationen, Aufmärsche stattgefunden. Nie hat der Kurfürstendamm eine so triumphale Demonstration erlebt, wie kurze Zeit später, als John F. Kennedy Berlin besuchte. Glück und Dankbarkeit der Berliner waren grenzenlos. Die Stadt jubelte dem jungen Präsidenten zu. Was war geschehen? Der Boulevard hatte seine Unschuld verloren. Er war politisches Zentrum, Aufmarschtribüne geworden. So notwendig und wichtig für eine Gesellschaft Politisierung auch sein mag, für einen Boulevard ist sie eher schädlich. Sie zerstört seinen Charme. Sie entzaubert ihn. Sie macht sein Gesicht ernst, ja fanatisch.

Jedenfalls ist die Nachkriegsgeschichte des Kurfürstendamms erst 1961 beendet. Der Bau der Mauer veränderte für immer die Funktion und das Gesicht des Boulevards.

Frühjahrsmode 1953 vor dem »Kranzler«

Die zweite Zerstörung

Es gehört zu den Wundern dieser Stadt, wie sie sich immer wieder aufraffte, trotz aller Krisen und Bedrohungen erneut zu sich selber fand. Ihre Überlebenskraft ist erstaunlich. Am deutlichsten ist das wieder am Kurfürstendamm abzulesen. Etwa Mitte der sechziger Jahre spürt man hier überall Versuche zur Normalisierung. Träume vom schönen Leben erwachen, von Glanz und alter Eleganz. Eine Weile sieht es fast so aus, als sei nichts gewesen. Kein Schaufenster der freien Welt mehr. DDR-Bürger sind nicht mehr zu Gast. Dafür aber viel Kulturbetrieb. Westliche Identität wird gesucht, jetzt erst recht. Ausstellungen, Festspiele, Einladungen an die geistige Elite der Welt. Die Ford-Foundation bezahlt. Man kann eine erstaunliche Erholung des Boulevards registrieren, dessen neuer Glanz jedoch etwas Trügerisches hat.

1968 wurde das bei den Studentenunruhen in West-Berlin ganz plötzlich sichtbar. Massendemonstrationen, der Geist der Revolte geht um. Jugendkrawalle, Handgemenge mit der Polizei. Am 11. April '68 kam es auf dem Kurfürstendamm 141 zum Attentat auf Rudi Dutschke. Ein Schuß fiel: lähmender Schrecken, Todesangst eine Weile, dann Stille, dann neue Unruhen. Manche fühlten sich an die Reichskristallnacht erinnert, doch war alles ganz anders. Die junge Generation drängte auf den Boulevard. Sie war fest entschlossen, ihre politischen Auseinandersetzungen allen sichtbar künftig hier im neuen Zentrum auszutragen.

Anderes kam zu dieser Bewegung des Niedergangs, die jetzt einsetzt, hinzu. Die Weststadt war abgeschnitten. Sie lebte nicht mehr aus eigener Kraft. Die Präsenz der Alliierten und der Wille der Bundesrepublik, die Inselstadt zu stützen, dominierten. Es entstand eine Subventionsatmosphäre, die gleichermaßen hilfreich und gefährlich war. Es begann damit auch jener Berlin-Tourismus, der in seiner typisch deutschen Mischung aus Wochenendreise und nationaler Treuekundgebung fast etwas Komisches hatte. Westdeutsche Provinz, ein ganz neues Publikum zog damit ein, auf dem Boulevard. Schulklassen, Sportvereine, Kongreßteilnehmer trabten, berlinselig und nachts etwas angetrunken, in Herden über den Boulevard. Vom ›Weltgeist‹ war hier nichts mehr zu spüren.

Diese Touristen merkten nicht, wie sehr man die Straße inzwischen verschandelt und richtig heruntergebracht hatte durch das,

1953 – eines der ersten großen Modehäuser

PHILIPS
PFAFF

Der Bau der Berliner Mauer machte den Kurfürstendamm zur Mitte. Anti-Vietnam-Demonstration 1960

was man Wiederaufbau genannt hatte, schon in den fünfziger Jahren. Die Banken hatten mit dieser Mißhandlung der Straße wahrhaft Vorbildliches geleistet. Sie knallten ihre Filialen auf die Prachtstraße ohne Rücksicht auf Tradition und gewachsenen Stil. Die Baulöwen folgten. Es gab immer noch viel alte Bausubstanz hier. Von rund 230 alten Kurfürstendamm-Häusern hatten immerhin noch 50 die große Schlacht um Berlin bewohnbar überstanden. Statt aber behutsam zu renovieren, klotzte man kahle Neubauten hin, als baue man in Spandau oder Moabit. Statt die großen alten Architekten, die der Straße einmal das Gesicht gegeben hatten, aus der Emigration einzuladen, versuchten sich hier Künstler unserer Tage. Und so sah's dann auch aus: schlimm, streckenweise.

Heute, über den Kurfürstendamm laufend, dies alles sehend, komme ich immer wieder zu dem Ergebnis: Die wirkliche Zerstörung des Boulevards verursachte nicht der Krieg, sondern der Wiederaufbau. Die Berliner nannten ihn treffend: Verschlimmbesserung. So ist es. Man baute zu hastig, zu billig und ganz ohne geschichtlichen Sinn für das Besondere des Orts. Und man tat dies ganz ohne schlechtes Gewissen mit verblüffender Brutalität.

Die öde Front zwischen der Brandenburgischen Straße und der Eisenzahnstraße ist heute ein trauriges Beispiel dafür. Man setz-

NEUE WELT
dabeisein und lesen
frau
algemarin
Abends bummeln in Berlin... früh erfrischt
ITALSNACK
PIZZERIA
DAS CAFEHAUS

te am schönsten Teil des Kurfürstendamms (zwischen Gedächtniskirche und Joachimstalerstraße), direkt neben die historische Fassade des alten ›Café Schilling‹, die vielleicht etwas zu nostalgisch geriet, einen kahlen Betonklotz für ein Warenhaus. Anderswo mag er seinen Sinn haben. Hier zerstört er die Leichtigkeit eines Boulevards. Ab 18 Uhr, wenn das Warenhaus seine Türen schließt, versinkt die Region in gähnende, schmutzige Leere. Nie hat es früher auf dem Kurfürstendamm Warenhäuser gegeben – und jetzt ein solches in dieser Gestalt!
Es gibt wenige Gegenbeispiele. Rühmenswert ist das große Haus an der Ecke Leibnizstraße. Der Prachtbau wurde um die Jahrhundertwende errichtet. Eine große Versicherungsgesellschaft hat ihn nach dem Zweiten Weltkrieg gekauft. Sie hat ihn im Inneren so umgebaut und modernisiert, daß heute Architekturstudenten aus aller Welt hierherpilgern – so kann man das also auch. Man steht, man staunt. Das Beispiel macht zugleich das ökonomische Problem deutlich. Nur große, potente Unternehmen können sich den finanziellen Aufwand leisten, solche Glanzstücke von einst wieder schön in Stand zu bringen. Aber fehlt es an ihnen? Vielleicht in der Stadt, mit Sicherheit nicht in der Bundesrepublik. Hier am Kurfürstendamm, meine ich, wären Berlin-Investitionen sinnvoll. Sie könnten Maßstäbe setzen.

Seite 102: Die erschrekkende Konzeptionslosigkeit des Wiederaufbaus. Festnahme des Politclowns Langhans 1968. Neu-Berliner Blumentöpfe – Ästhetik des Betons
Seite 104: Ein Hauch von orientalischem Bazar

Boulevard im Massenzeitalter

Kritische Worte, Worte der Wehmut, schöne Melancholie, etwas nostalgisch – was soll's? Was bringt es? An manchen Samstagnachmittagen wird spürbar, daß einfach ein neues Zeitalter begonnen hat, auch hier. Der Kurfürstendamm ist nicht tot. Er lebt – und wie! Nur lebt er ganz anders als früher. Eine neue Generation ist da: lebendig und jung, ganz unbeschwert von der Last der Geschichte. Ein Hauch von Balkan, viel Orient zieht durch die Straße. Die sanfte Gewalt der Basaris regiert auf den Bürgersteigen. Ein bißchen Mode, ein bißchen Flohmarkt spielen mit. Ein Rüchlein Revolution zieht manchmal klirrend mit. Die Jeansjugend hat die Szene erobert. Berlin ist die Freizeitoase der westlichen Welt im Osten geworden. Ein klein wenig Hongkong ist schon an der Havel zu riechen.

Was ist eigentlich geschehen, soziologisch? Man kann es auf eine ganz einfache Formel bringen: Der Boulevard ist unter das Volk gekommen. Er ist ungeheuer populär geworden. Die Massen haben von ihm Besitz

ALTENPOHL
PELZE • LEDER
DEUTSCHES REISEBÜRO
U
BUS

Seite 105: Ein kaltes Konsumparadies, wo früher einmal das alte Café des Westens lebendig war. Das Gesetz des raschen Geldes regiert und verändert die Szene

ergriffen. Die paradoxe Situation ist: Es gibt den Kurfürstendamm als Treffpunkt intellektueller Avantgarde und literarischer Kultur nicht mehr. Seine elegante Gesellschaft von einst ist längst tot. Aber merkwürdig genug: Das Gerücht vom Besonderen der Straße ist gleichwohl geblieben. Ein Boulevard lebt weiter, ja blüht – als Gerücht seiner selbst.

Das ist ein überaus merkwürdiges Phänomen, jetzt in den achtziger Jahren hier überall abzulesen. Könnten wir noch staunen, so müßten wir es hier. Allein vom Namen geht eine fast magische Anziehungskraft aus. Der Kurfürstendamm wird heute besucht und frequentiert wie noch nie in seiner hundertjährigen Geschichte. Er blüht, obwohl Früchte hier nicht mehr reifen. Er ist ein Zauberwort geblieben, obwohl Zauberhaftes hier nicht mehr zu sehen ist. Keiner, der Berlin sehen will, kann auf die Straße verzichten. Alle kommen, obwohl es außer der Lebendigkeit nichts mehr zu bewundern gibt. Die Straße ist so durchschnittlich, so normal, so stinknormal wie viele Straßen der Stadt geworden. Boulevard im Massenzeitalter – kann es das geben? Ist das nicht ein Widerspruch in sich? Der Kurfürstendamm scheint das Paradox zu bestätigen. Das gibt es: eine Massenrennbahn mit dem Gefühl des Besonderen. Immer noch das alte Sehen und Gesehenwerden, aber jetzt anders: als touristische Attraktion.

Diese Popularität setzt heute auf dem Boulevard einen ökonomischen Prozeß in Gang, der unausweichlich ist. Eben weil die Region so beliebt, so gesucht ist, können die Hauseigentümer immer höhere Mieten fordern. Eine Etage mit Großwohnung, die früher dreitausend Mark kostete, ist heute in bevorzugter Laufgegend mühelos noch für das Zehnfache zu vermieten, an spezielle Mieter, versteht sich. Der Markt bringt das, wie man so sagt. Das bedeutet zunächst, daß der individuelle Einzelhandel seinen besonderen Laden hier schließen muß. Das kleine, elegante Spezialgeschäft für Damenkonfektion verschwindet. Der Raum wird aufgekauft von Konzernen, die zahlungskräftiger sind.

Das Gesetz des raschen Geldes regiert und verändert die Szene rapid. Hohe Mieten erfordern noch höhere Umsätze. Es ist ein eisernes Wirtschaftsgesetz, das hier diktiert: Der Umsatz muß so schnell, so massenhaft, also so groß sein, daß er die Phantasiepreise der neuen Mieten wiedereinspielt. Das bedeutet einen schlimmen Ausleseprozeß. Wo gestern noch ein exklusives Restaurant war, zieht heute eine Schnellimbißkette mit ihrer vorgefertigten Hamburger- und Cheeseburgerkultur ein. Bierpaläste, Boulettenburgen, Pommes-frites-Buden erobern den Kurfürstendamm. Die Masse macht's. Das stille Café von gestern muß einer modernen Diskothek weichen, die mit dröhnenden

Lupe 1
BURGER KING
BURGER KING RESTAURANT
BURGER KING

Popklängen bis früh um fünf Massen von schnellen Konsumenten durchschleust. Der Markt bringt's – aber eben nur so: massenhaft und genauso wie überall in der Stadt. Ein Boulevard verliert sein Gesicht. Das, was man einmal die besondere Kurfürstendamm-Atmosphäre nannte, bleibt auf der Strecke.

Das ist das Elend des Boulevards heute. Ich habe diese Straße gerühmt. Ich komme nicht umhin, über sie Klage zu führen. Sie lebt von einem Ruhm, den sie von Jahr zu Jahr immer mehr selbst zerstört. Wo früher eine renommierte Buchhandlung war, zieht heute eine blinkende Filiale der Phonoindustrie ein. Wo gestern noch eine solide Familienpension zu Hause war, wird morgen ein Etablissement einziehen, das sich für Schönheit, Körperkultur und Massagedienste empfiehlt. Wo einmal elegante Nachtbars residierten, haben sich die billigen Buden der Sexindustrie etabliert. Nichts gegen Pornoshops. Sie müssen offenbar sein in einer Großstadt, aber hier? Könnte man sie nicht wenigstens in die Nebenstraßen verlegen? Ich frage ja nur.

Und das alles, natürlich, bleibt nicht ohne Folgen. Verkommen und dreckig, richtig verwahrlost sieht es zwischen der Meinekestraße und der Joachimstaler manchmal schon an Samstagnachmittagen aus. An solchen Ecken verkommt der Prachtboulevard im Wohlstandsmüll seiner neuen Plastikkultur. Des Nachts wird es hier immer schwieriger, die Glitzerstraße von Berlins dunkelstem Punkt am Bahnhof Zoo zu unterscheiden. Wermuthbrüder, Alkoholleichen, Penner, die Kinder vom Bahnhof Zoo: Sie hocken rund um die Gedächtniskirche, wenn es von ihrem Turm zwölf Uhr nachts schlägt. Ortskundige wissen, daß hier nicht nur exotische Jugend sitzt. Das Drogengeschäft, der Handel mit Rauschgiften wird praktiziert. Die Sucht wird bedient. Ach, Berlin! Ach, Kurfürstendamm! Zwischen Mitternacht und Morgengrauen lebt der Urwald hier.

Und doch kann das nicht das letzte Wort sein. Es ist diesem Boulevard eine merkwürdige Kraft dauernder Erneuerung eigen, bis jetzt jedenfalls noch. Immer wieder gibt es hier Stunden, Tage, wo alles friedlich, sehr freundlich, auch aufgeräumt wirkt. Es ist Abend geworden. Vielleicht ist es wieder ein Samstagabend wie zu Beginn? Neue Erwartung und neue Hoffnung gehen um. Die Dunkelheit kann auch ein großer Zauberer sein. Sie verhüllt all das Schlimme. Sie macht die Stadt wieder schön. Berliner Art, so schnell ist die nicht kleinzukriegen.

Sie kommen in Jeans. Die berühmten Berliner Jungens kommen mit ihren Bräuten, motorisiert. Sie hocken auf kolossal blinkenden Motorrädern und jagen den Boulevard runter. Zivilisation und Urwald, ein Dschungel technischer Aggressionen, der auch seinen eigenen atavistischen Reiz hat. Die Diskothek lockt. Zärtlichkeit und Kälte, Exotik und Brutalität. Dazwischen die skurrilen Blumen der Nacht. Eine neue Generation ist hier nun zu Hause. Sie kaut im Schnellimbiß ihren Riesenhamburger. Sie hockt um Colaflaschen. Sie wird ins ›Big Eden‹ dann gehen, zum Diskotanz.

Berlin-Kurfürstendamm: Man kann sagen, was man will. Kraft und Vitalität jedenfalls sind geblieben. Der Boulevard ist nicht tot. Er lebt – und wie!

Disco, Porno und Provinztouristen

Demonstration von Hausbesetzern 1981

Das Ende, das ein Anfang war

Ja, und das ist dann auch noch gewesen, ganz zum Schluß. Es war Mitte September. Es lag ein warmes, mildes Herbstlicht über dem Kurfürstendamm. Berlin strahlte, das Gesicht unseres Kameramanns auch. »Einfach ideal«, registrierte er, zum zartblauen Himmel blickend. Er hielt mir dabei seinen Belichtungsmesser vor die Nase. Ich stand mit dem Team direkt an der Ecke Kurfürstendamm, Joachimstaler. »Ja«, sagte ich zu dem Team, »denkt immer an die französischen Impressionisten: Monet oder Cézanne. Er lockt mit tausend Lichtern und ist doch nie ganz zu fassen. Ob Ihr das hinkriegen werdet, filmisch?«

So ungefähr hatten die Tage unserer Dreharbeiten begonnen. Ich war guter Dinge, damals. Als ein halbes Jahr vorher die Anfrage vom Fernsehen gekommen war, war ich nach jenem kurzen Zögern, das Intellektuellen eigen ist, sofort von dem Projekt entzückt. Berlin ist mein Thema, lebenslänglich. Das versteht sich. Ich hänge an dieser Stadt mit jener tiefen, etwas kitschigen Liebe, die aus sehr früher Kindheit kommt. Vielleicht kommt auch noch, dynamisierend, ein Schuß Schuldgefühl hinzu? Ich habe die Stadt verlassen. Ich lebe seit dem Ende des Zweiten Weltkriegs in Westdeutschland. War das Fahnenflucht? Ist der Tatbestand des Treuebruchs überzeugend? Das Bewußtsein, mich in dieser Sache engagieren zu müssen, war jedenfalls stark. Der Gedanke, Berlins alten Prachtboulevard einmal präzis durchmustern zu können, war überdies faszinierend. Er nahm mich gefangen. Abgemacht, hatte ich schon am Telefon gesagt. Ich mache mit.

So ist es also zur Arbeit an unserem Film über den Kurfürstendamm gekommen. Ich will hier nichts über die Praxis des Filmemachens berichten. Sie ist für einen Autor, der gewöhnt ist, am Schreibtisch zu sitzen, auf weißes Papier einfach seine Sätze zu schreiben, immer wieder eine verzwickte, auch frustrierende Erfahrung. Das Medium des Schriftstellers: Die Sprache, das Wort ist nur von höchst untergeordneter Bedeutung. Das Bild ist die Sprache des Films. Wer sich darauf einläßt, muß das wissen. Er muß mit allem, was er beiträgt, zunächst einmal dem Bild dienen. Ich tat das. Ich hatte mein Team. Ich hatte vortreffliche Kameraleute, die ihr Handwerk beherrschten, professionell. Ich konnte, ich wollte mich da nicht einmischen. Meine Arbeit am Bild lag anderswo. Ich hatte mir vorgenommen, das

SEW FORDERT
NECROS

historische Bildmaterial, das ein solches Filmdokument braucht, zu beschaffen. Davon zunächst will ich etwas berichten.
Die Erfahrungen, die ich hier sammelte, sind bemerkenswert. Es gibt nämlich zum Thema Kurfürstendamm so gut wie gar nichts, auf das ich hätte zurückgreifen können. Die Situation, in die ich geriet, war kurios. Ich glaube, es gibt heute kaum eine Stadt, deren historisches Bewußtsein reicher entwickelt wäre als Berlin. Mangelndes Geschichtsbewußtsein, unterentwickelter Traditionssinn kann man der Stadt nicht nachsagen. Im Gegenteil: Tausend Quellen zur Berlingeschichte fließen in dieser Stadt. Von der Stiftung ›Preußischer Kulturbesitz‹ bis zum Ullstein-Bildarchiv, von der Cinemathek am Theodor-Heuss-Platz bis zum ›Berlin-Museum‹ in der Lindenstraße ist die Vergangenheit hervorragend aufbewahrt. Auch die Amerika-Gedenkbibliothek ist zu rühmen. Der Zufall wollte es, daß in den Wochen unserer Aufnahmen auch noch die Preußen-Ausstellung lief. An Zugängen, Einstiegen also kein Mangel.
Das Merkwürdige war nur, daß es in all diesem Reichtum archivierter Erinnerungen kein Material über den Kurfürstendamm gab. Es war wie verhext. Es gab die prächtigsten Gemälde und Stiche aus Altberlin. Je tiefer die Vergangenheit, um so schöner die Dokumente. Nur bei meiner beharrlichen Rückfrage: Und was haben Sie über die Geschichte des Kurfürstendamms? gab es immer verlegenes Schweigen, ein Zögern und ratloses Rumsuchen. Doch, zwei oder drei Bilder haben wir eben gefunden, sagte die Stimme am Telefon. Aber wenn ich dann hinkam, die Bilder in Augenschein nahm, waren es immer wieder die gleichen: die Ge-

Die Berliner S-Bahn, hundertjährig wie der Kurfürstendamm, und doch fast tot heute (Bahnhof Bellevue)

dächtniskirche in der Kaiserzeit und in den zwanziger Jahren. Nur die war zu haben.

Ich erzähle dies, weil ich es, so widersprüchlich es auf den ersten Blick scheint, eigentlich als positives Phänomen für den Kurfürstendamm verbuchen will. Diese Straße lebt eben noch. Sie ist noch nicht in das Stadium ihrer eigenen Historizität übergegangen. Das hat nichts mit ihrem Lebensalter zu tun. Die Berliner S-Bahn ist genauso alt wie der Kurfürstendamm. Auch sie wurde in der Gründerzeit gebaut, und doch ist sie heute durch die besonderen Verhältnisse in der geteilten Stadt zu einem wunderlichen Museumsstück von höchst makabren Reizen verkommen. Die Wirklichkeit von gestern ist zum Märchen einer Industrielandschaft gereift. Historiker und Ästheten unserer Tage entdecken das Eisending als Kunstobjekt.

Das genau ist mit dem Kurfürstendamm nicht geschehen. Es spricht für seine ungebrochene Präsenz und Funktion, daß es für diesen Boulevard so gut wie kein historisches Bewußtsein gibt. Wie schrieb doch Hegel in seiner berühmten Vorrede zu seiner ›Rechtsphilosophie‹? »Die Eule der Minerva beginnt erst in der einbrechenden Dämmerung ihren Flug.« Vom Flügelschlag dieser Eule ist auf dem Kurfürstendamm nichts zu hören. Man lebt hier wie eh und je. Man hat seine Krisen. Man hat furchtbare Fehler im Wiederaufbau gemacht, von denen ich sprach. Aber daß der Kurfürstendamm ein Abbruchunternehmen für Berlin-Historiker geworden wäre, kann man eben nicht feststellen. Kein Steinbruch der Vergangenheit, lebendige Gegenwart ist die Straße.

Und ich hatte dies zu büßen. Ich mußte in einer unendlich mühseligen Kleinarbeit Tag für Tag, Stück für Stück, Woche für Woche die einzelnen Bilddokumente zusammensuchen. Ich tat es, obwohl mir die Lust und der Fleiß aller Sammler fremd ist. Man kriegt beim Herumstöbern in alten Archiven eigentlich nur schmutzige Finger. Der Staub der Vergangenheit holt einen ein. Immerhin ist bei meinen Recherchen Ausreichendes zusammengekommen. Und das, nicht zuletzt, ist auch der Grund, warum dieses Buch hier vorgelegt wird. Es gibt nämlich heute, Herbst 1982, wenn ich es recht sehe, auf dem Markt keinen Bildband zur Geschichte des Kurfürstendamms. Ich will aber in diesem Zusammenhang das Buch von Friedrich Wilhelm Lehmann, ›Kurfürstendamm-Bummel durch ein Jahrhundert‹, erwähnen. Es erschien 1964 und ist heute vergriffen. Es hat mir erste Hilfe und weitere Anregungen gegeben.

Ist das nun alles, was ich zur Sache zu sagen habe? Ich zögere, ich zweifele. Ich bin nicht sicher, ob es klug ist, weitere Hintergründe, die mich damals bewegten, offenzulegen. Autoren sind empfindsame, manchmal auch launische Wesen. Heute weiß ich nicht mehr, ob es wirklich so wichtig war, was mich damals bewegte. Aber damals, als wir den Film drehten, hat es mich schon verstört und betroffen gemacht. Damals, Ende September 1981, feierte nämlich auch die Berliner Anarchistenszene wieder einmal ihre Exzesse. ›Tuwat‹ war tatenfroh aus dem Westen eingetroffen. Die Hausbesetzer trieben ihr riskantes Spiel mit dem Senat, ziemlich provokant. Eines Morgens war ein besetztes Haus von der Polizei geräumt worden. Die Aktion war rechtens, aber mißfiel natürlich den Betroffenen.

Und damit war der frohe Anfang unserer Filmtage, von dem ich sprach, zu Ende. Klimaumschwung: Er kam nicht vom Kurfürstendamm. Er kam vom Bezirk Kreuzberg langsam gen Westen gekrochen. Ein Hexensabbat, ein Massenspektakel sozialer Aggressionen brach um die besetzten, jetzt geräumten Häuser los. Steine flogen, Häuser brannten. Barrikaden wurden von ›Tuwat‹ errichtet. Ein junger Anarchist, der aus Westdeutschland angereist war, der versucht hatte, die Frontscheibe eines fahrenden Busses zu zerstrümmern, war von dem Bus überfahren worden und starb.

Immer noch ist West-Berlin eine so große Stadt, daß man selbst solche Straßenschlachten in anderen Stadtteilen kaum merkt. Unsere Dreharbeiten jedenfalls gingen am Kurfürstendamm zuversichtlich voran. Wir waren gerade dabei, die Bausünden am oberen Boulevard zu filmen. Wir waren entrüstet – ästhetisch. Dann und wann, wenn wir mit dem Auto die Position wechselten, hörte man im Autoradio, daß in Kreuzberg jetzt die Hölle los sei. Es störte uns kaum. Es klang wie eine Meldung aus dem Libanon. Uns ging das nichts an. Wir waren jetzt mit Stilfragen befaßt.

Aber des Abends nach Drehschluß bin ich dann doch hingefahren. Ich wollte es sehen. Ich brauchte gar nicht nach Kreuzberg. Nur eineinhalb Kilometer hinter der Gedächtniskirche auf der Bülowstraße fing es schon an. Dort, Ecke Potsdamer Straße, stieg ich aus und ging die Potsdamer in Richtung Norden hoch. Ich weiß, was ich sage, wenn ich jetzt sage: Diese Straße sah aus wie nach der Schlacht um Berlin '45. Nur, daß wir heute Dienstag, den 22. September 1981, schreiben. Hier hatte die Kriegsfurie getobt, entsetzlich.

Kein Haus war mehr heil. Die Banken verwüstet und ausgebrannt. Die Geschäfte aufgebrochen, zerstört und geplündert. Fast einen Kilometer lang war auf der Potsdamer Straße keine heile Schaufensterscheibe mehr zu sehen. Manche kleinen Ladenbesitzer hatten ihre Geschäfte notdürftig mit Brettern vernagelt. Andere waren schon weggezogen, hatten ihre neuen Adressen auf die Holzbretter gepinnt. Dreck lag herum. Man stolperte über Pflastersteine. Es roch nach Brand und Tod. Und mich erinnerte das an

den Kurfürstendamm gleich nach Kriegsende. So ungefähr hatte man damals wieder begonnen.
Und genau an der Stelle, wo der junge Anarchist zu Tode gekommen war, waren noch Blutstropfen zu sehen. Man hatte ein Kreuz hier errichtet. Blumen lagen davor. Es war sehr warm in diesen späten Septembertagen. Ich sah hier eine große junge Gemeinde sitzen, die wie berauscht war von dem fast mystischen Erlebnis des Märtyrertodes. Das Bild hatte fast unchristliche Züge: Trauergemeinde, nach der Häuserschlacht, die verlorenging. Drei Tage, drei Nächte lang hockten sie auf dem Asphalt vor dem Totenmal. Es brannten Kerzen. Es wurde gesungen. Jemand sagte Gedichte auf fast wie Gebete. Man aß miteinander, man schlief miteinander. Junge Gemeinde, vom Schmerz erfaßt. Ich dachte: Was müssen sie alles entbehren, daß sie sich so aneinander wärmen.
Warum ich das hier jetzt erzähle? Man spürt es wohl: Weil mir nach diesem ersten Abend unsere Dreharbeiten am Kurfürstendamm etwas fragwürdig wurden. Was soll's eigentlich? dachte ich. Wozu mühen wir uns, Glanz und Elend dieses deutschen Boulevards genau zu registrieren. Was soll unsere Sorge, ob eine Hausfassade Ecke Uhlandstraße prächtig renoviert oder als mißraten zu bewerten ist. Ästhetische Feinschmeckereien, während im Hinterhaus schon der schwarze Abgrund gähnt. Es gibt offenbar die Gesellschaft gar nicht mehr, die einen Prachtboulevard ernsthaft will. Du hängst spätbürgerlichen Träumen nach – vorbei und passé.
Ach, Berlin – jetzt könnte wieder mein altes, schönes Klagelied beginnen. Ich will das nicht mehr. Ich möchte nur sagen: Manchmal erscheint mir meine alte Heimatstadt fast wie eine glänzende, saftige Birne. Immer noch lockt sie mit ihrem besonderen Duft. Aber ganz in der Tiefe beginnt etwas zu faulen. Ich roch das jetzt. Und später, aber da war ich schon wieder in Frankfurt am Main, hörte ich einen alten Berliner, der heute in Amsterdam lebt, im Fernsehen sagen: »Wissen Sie, wenn ich heute nach Berlin komme, ist es mir, als wenn ich zu meiner alten Mutter zurückkehrte, die jetzt leider auf den Strich geht.« Das war natürlich sehr hart, ungeschminkt, echt berlinerisch, aber es traf auch meinen Befund. Da ist etwas kaputt in der Stadt, gegenwärtig. Man soll das bei aller Liebe ganz ungeschminkt sagen. Krankheit ist keine Schuld. Aber Heilung ist nur möglich, wenn man die Diagnose nüchtern und kritisch stellt.
Nun ja, wir haben unsere Dreharbeit trotzdem zu Ende geführt. Ich bin ein Preuße. Aber etwas von dieser Ernüchterung, ja Ratlosigkeit ist in diese Arbeit eingegangen. Die Fröhlichkeit des Anfangs ist mir verflogen. Eine Ahnung von Trauer schwingt mit – auf dem Boulevard.

HOTEL
DREI

SCHUHHOF
top-shop
ALTENPOHL
PELZE • LEDER
Forum

Fotonachweis

Umschlagfotos:
Archiv für Kunst und Geschichte, Amos Schliack

Archiv für Kunst und Geschichte
S. 12, S. 44, S. 71 unten rechts, s. 78, S. 79, S. 89, S. 107

Bildarchiv Preußischer Kulturbesitz
S. 10/11, S. 22, S. 24 oben links, S. 29, S. 30/31, S. 32, S. 33, S. 34, S. 35 unten, S. 37, S. 38, S. 40, S. 41, S. 42, S. 48, S. 49, S. 58, S. 59, S. 66 oben rechts und links, S. 69, S. 84 rechts oben, S. 86

Peter Brüchmann
S. 56 (drei Fotos)

Fritz Eschen/Rowohlt Bildarchiv
S. 9

Max Jacoby
S. 105, S. 109

Landesbildstelle Berlin
S. 108 unten

Klaus Lehnartz
S. 14, S. 57, S. 92, S. 93, S. 100, S. 102, S. 103 oben und unten, S. 104, S. 116/117

Sammlung Menningen
S. 74, S. 94

NDR/Strauß
S. 18

Volker Noth
S. 112

Amos Schliack
S. 8, S. 16/17, S. 19, S. 20/21, S. 26, S. 27, S. 28, S. 108 oben, S. 111

Ullstein Bilderdienst
S. 6, S. 15, S. 23, S. 24 oben rechts, unten links, unten rechts, S. 35 oben, S. 39, S. 43, S. 45, S. 47, S. 50, S. 52, S. 53, S. 54, S. 55, S. 60/61, S. 63, S. 64, S. 65, S. 66 unten, S. 67, S. 68 oben, S. 68 unten rechts und links, S. 70, S. 71 oben rechts und links, unten links, S. 72, S. 73 rechts und links oben, S. 76, S. 80, S. 81 oben und unten, S. 82, S. 84 links oben und unten, rechts unten, S. 85 links oben und unten, rechts unten, S. 87, S. 88, S. 90, S. 91, S. 95, S. 96, S. 98